中华料理·潮菜文化丛书

潮菜名店

林大川 周克胜 著

廣東旅游出版社
GUANGDONG TRAVEL & TOURISM PRESS
悦读书·悦旅行·悦享人生

中国·广州

图书在版编目（CIP）数据

潮菜名店 / 林大川，周克胜著 . -- 广州：广东旅游出版社，2024. 8. -- (中华料理 · 潮菜文化丛书).
ISBN 978-7-5570-3360-6

Ⅰ. F719.3

中国国家版本馆CIP数据核字第20246AL842号

出 版 人：刘志松
策划编辑：陈晓芬
责任编辑：方银萍
插　　图：艾颖琛　王琪琼　刘孟欣
装帧设计：艾颖琛
责任校对：李瑞苑
责任技编：冼志良

潮菜名店
CHAOCAI MINGDIAN

出版发行：广东旅游出版社出版
（广州市荔湾区沙面北街71号首、二层）
邮　　编：510130
电　　话：020-87347732（总编室）020-87348887（销售热线）
投稿邮箱：2026542779@qq.com
印　　刷：广州市岭美文化科技有限公司
（广州市荔湾区花地大道南海南工商贸易区A幢）
开　　本：787毫米 × 1092毫米　16开
字　　数：166千字
印　　张：15.25
版　　次：2024年8月第1版
印　　次：2024年8月第1次
定　　价：98.00元

编委会机构名单

一、策划组织单位

汕头市文化广电旅游体育局　汕头市侨务局　汕头市外事局

汕头市潮汕历史文化研究会　汕头市潮汕历史文化研究中心

二、顾问

学术顾问：林伦伦

顾　　问（按姓氏笔画为序）：刘艺良　陈幼南　陈绍扬　林楚钦　罗仰鹏　郭大杰　黄迨光

三、编委会

主　　任：李闻海

副 主 任：钟成泉　吴二持　杜更生

秘 书 长：杜更生（兼）

四、编写组

主　　编：纪瑞喜

副 主 编：林大川　李坚诚

编　　委（按姓氏笔画为序）：纪瑞喜　杜　奋　李坚诚　张燕忠　林大川　钟成泉　谢财喜

五、特聘人员

特聘摄影：韩荣华

特聘法务：蔡肖文

六、承办单位

汕头市岭东潮菜文化研究院

汕头市传统潮菜研究院

七、出版赞助单位和个人（排名不分先后）

广东省广播电视网络股份有限公司汕头分公司

广东蓬盛味业有限公司

广州市金成潮州酒楼饮食有限公司

新西兰潮属总会

深圳市喜利来东升酒业有限公司

泰国大华大酒店董事长陈绍扬先生

总序

中华潮菜，人人所爱

——《中华料理·潮菜文化丛书》序

林伦伦

经过大师们一字一句的不辍努力，这套《中华料理·潮菜文化丛书》前5册稿子终于杀青了。丛书主编纪总瑞喜兄让我为丛书作个序言。我跟纪总可以算是老朋友了，20多年前我还在汕头大学工作的时候，就曾经帮纪总策划印行过一本当时比较时尚、文化味较浓的建业酒家菜谱，从此就没少来往。老朋友有请，我却之不恭，就只好以“吃货”冒充美食家，把大半辈子吃潮菜的体会写出来，充数作为序言。

我以前曾经认真拜读、学习过钟成泉大师的“潮菜三部曲”——《饮和食德：潮菜的传承与坚持》《饮和食德：老店老铺》《潮菜心解》和张新民大师的“潮菜姊妹篇”——《潮菜天下》及其续篇《煮海笔记》等大作，现在又阅读了钟成泉、纪瑞喜、林大川等潮菜大师的几本书稿，加上我是年近古稀的资深吃货一枚，经过60多年吃潮菜的“浸入式”实践和近十年来有一搭没一搭的“碎片化”思考，也终于对潮菜有了一定的心得体会。我曾经写过若干篇关于潮菜美食的小文章，如《在老汕头的转角遇见美食》《季节的味道》等，但要像上面提到的各位大师一样系统性地写成著作，我还没有这个能耐和胆量。现在，我就把这些“碎片化”的读书心得和美食体会先写出来，希望对大家阅读《中华料理·潮菜文化丛书》有帮助，就像吃正餐之前先吃个开胃小菜吧。

潮菜为外人所称道的特点之一是味道之清淡鲜美，讲究个“原汁原味”，我这里小结为“不鲜不食”。

味道的鲜美主要靠的是食材的生猛。潮汕人靠海吃海，潮汕是个滨海地区，海岸线长，盛产海产品。品种多样的海鲜，是潮汕滨海居民最原始的食材。南澳岛上的考古发现，8000多年前的新石器时代早期，属于南岛语系的土著居民就已经懂得打磨细小石器来刮、撬牡蛎等贝壳类水产品了。6000—3000年前新石器时代中晚期的贝丘遗址，土著居民吃过的贝壳类海产的壳已经堆积成丘，成为“贝丘遗址”了。等到韩愈在唐代元和十四年（819年）因谏迎佛骨被贬南下任潮州刺史，写下《初南食贻元十八协律》诗，把第一次吃离奇古怪、丑陋可怕的海产品时吃出一身冷汗的深刻印象描写给了一位叫“元十八”的朋友，已经是年代很晚的时候了，而且食材已经是经过烹饪，且懂得用配料相佐了：“我来御魑魅，自宜味南烹。调以咸与酸，芼以椒与橙。”

当然，我们不应该把粤东滨海地区土著居民的渔猎生活和食材当成潮菜的源流，但是，潮汕人吃海鲜至今还是保留近于“茹毛饮血”式的原汁原味，现如今闻名遐迩的“潮汕毒药”——生腌海鲜（螃蟹、虾、虾蛄），其味道鲜美至极，非一般烹饪过的海鲜所能比匹。“毒药”之戏称，意思是指像鸦片等一样，一吃就会上瘾。用开水烫一烫就装碟上桌、半生不熟、鲜血淋漓的血蚶，外地人掰开一看，大多数会像韩文公一样望而生畏，硬着头皮试一只，肯定是“咀吞面汗骍”；而潮汕人春节年夜饭的菜单上，这血蚶是必列的菜肴。蚶的壳儿潮语叫

“蚶壳钱”，保留了史前时代以“贝”为币的古老习俗。吃了蚶，既补血，又有“钱”了，多好！

鱼饭也是一种原生态的“野蛮”吃法，巴鳞、鲇鱼等海鲜就在出海捕捞的渔船上，用铁锅和水一煮，在船板上晾一晾就吃，一起煮的可能还有同一网打起来的虾和蟹，多种味道释放、汇合，其味更佳。上水即吃，原汁原味，此味只应海上有。现在高档酒家里的冻红蟹，一只好几百元，甚至上千元，即源于这种原始的食法。有些地方，也仿效“鱼饭”之名，称作“蟹饭”“虾饭”等。

潮菜“不鲜不食”的特点，建立在与天时地利的自然融合上，其秘诀一是“非时不食”，一是“非地不食”。

所谓的“非时不食”，讲究的是食材的“当时”（当令）。潮菜食材讲究天时之美，也就是食材的季节性，我把它叫作“季节的味道”。这季节的味道，首先体现在食材选择的节令要求上，简单说就是“当时”（当令）或者“合时序（su^2）”，无论是海鲜还是蔬菜。

民间流传有潮语《十二月鱼名歌》（《南澳鱼名歌》），说明了海鲜在哪一个月吃最鲜美。歌谣云：

正月带鱼来看灯，二月春只假金龙，
三月黄只遍身肉，四月巴浪身无鳞，
五月好鱼马鲛鲳，六月沙尖上战场，
七月赤鬃穿红袄，八月红鱼作新娘，
九月赤蟹一肚膏，十月冬蛴脚无毛，
十一月墨斗放烟幕，十二月龙虾擎战刀。

你可以从这首歌谣中知道农历哪个月吃哪种鱼最当令。此外还有“寒乌热鲈”（冬吃鲻鱼，夏吃鲈鱼）、“六月鲫鱼存支刺”（言六月的鲫鱼不肥美，不好吃）、“六月乌鱼存个嘴，苦瓜上市鰳鱼肥”“六月薄壳——假大头”“六月薄壳米，食了唔甘漱齿（刷牙）”“夜昏东，眠起北，赤鬃鱼，鲜薄壳”“年夜尖头冬节乌”等谚语，说明了各种海产品“当时”（当令）的季节。

蔬菜、水果的时令就更加明显了：春夏之交吃竹笋，大夏天里是瓜果菱角，秋日里最香的是芋头，最甜的是林檎，冬春之交最有名的是潮汕特有的大（芥）菜和白萝卜。潮汕谚语云：“正月囝婿，二月韭菜”“清明食叶，端午食药”“（农历）三四（月）枇杷梅，五六（月）煠（sah[8]，煮）草粿”“三四桃李柰，七八油柑柿”“五月荔枝树尾红，六月蕹菜存个空（kang[1]）”（农历五月荔枝熟了，但通心菜却不当令）、“七月七，多哖（山捻子）乌，龙眼必（水果成熟而壳儿裂开）”“九月蕹菜蕊，食赢鲜鸡腿”“霜降，橄榄落瓮”“立冬蔗，食呾病痛”等，也都与季节的味道有关，简直就是食材采食时间表。

所以啊，懂行的话，你到潮汕来追鲜寻味，来个美食之旅，就得结合你来的季节、时令来点海鲜和蔬菜瓜果，一定要避免点不对时令的鱼、菜。美食行家把这叫“不时不食”。现在的大棚菜，反季节、违时令的菜也能种出来，人工养殖的鱼也可以反季节饲养，但是味道就是没有自然生长、当令的那么好了。

对海产品食材“鲜”的要求，还跟潮汐有关。高档的潮菜酒楼采购海鲜食材会精确到“时”，讲究“就流”（lao[5]，劳）。

“就流”鱼就是刚好赶潮流捕回来的鱼，“骨灰级”的吃货是自己直接到码头等着买“就流”的海货回家，现买现做现吃。过去的海鲜小贩有“走鱼鲜”“走薄壳”的说法。“走”就是跑，从靠渔船的码头“退”（批发）到海鲜，赶快往市场跑，谁的海鲜先到达菜市场，谁的海鲜就能卖个好价钱，因为是最新鲜的嘛，潮汕人讲究的就是“就流”这口“鲜甜”！我在南澳岛后宅镇还目睹过夜晚八九点到凌晨一两点钟的“就流”海鲜夜市，一筐头一筐头的海鲜摆满了夜市，购买者人头攒动，各自选择自己爱吃的鱼、虾、蟹等，好不热闹，听说这里面还不缺从汕头市区专车赶来的高级别吃货。

其实，对植物、动物类的食材也有这种“时”的讲究，例如挖竹笋要讲究在露水未开之前，而食用则是最好不要过夜（即使放进冰箱也不行）；新鲜的玉米也是当天“拗”（a^2，折断），当天吃，过夜不食。而火遍全国的潮汕牛肉火锅的牛肉，是在N小时内配送到店，有喜欢显摆的食客还拍到牛肉在“颤抖”的视频。所以，不少牛肉火锅店就开在离屠宰场不远的地方，讲究的就是尽量缩短牛肉配送的路程，以保持牛肉的鲜活度。

所谓的“非地不食”，讲究的是食材的原产地，我把它叫作“地理的味道”，或曰“家乡的味道”，这是指潮菜食材的地域性。潮汕各地山川形胜有所不同，民俗也有一些差异，此所谓“十里不同风，百里不同俗”。就是小吃，也是各有特色，潮州的鸭母捻、春卷、腐乳饼，揭阳的乒乓粿、笋粿，惠来的靖海豆粗、隆江猪脚，普宁的炸豆干、豆瓣酱，潮安凤凰山的栀粽、鸡肠粉（畲鹅粉），澄海的猪头粽、双拼粽球、卤鹅，汕头的西天巷蚝烙、老妈宫粽球（粽子）、新兴街炒糕粿、老潮兴粿品、百年银屏蚝烙……说不完，尝不尽。而考究的潮菜馆，对食材的要求也必须有空间感及品牌意识：卤鹅一定要澄海的，豆瓣酱要普宁的，芥蓝菜要潮州府城的，大芥菜（包括其腌制品“咸菜”）要澄海的，炸豆腐要普宁或者潮安凤凰山的，紫菜要南澳、澄海莱芜、饶平三百门的，鱿鱼要南澳的（宅鱿）……潮汕人吃海鲜，时间上讲究“就流”，而在空间上，讲究的是“本港”，就是本地出产的。在南澳岛，我曾经去市场买菜，才知道“本港鱿”和“白饶仔”（一种白色的牙签大小的小鱼儿）的价格是外地同类海产品的两倍以上，想买都不一定买得到，因为季节不对就断货了，市面上卖的都是外地来的。

潮人对食材出产地理的重视意识起源较早，而且基本达成共识，民间把它编成了“潮汕特产歌”来传唱。下面摘录一段，与大家分享。这类歌谣，各地版本都有所不同，大致唱自己家乡的，都会多编一些，谁不说俺家乡好呢！

揭阳出名芳豉油，南澳出名本港鱿；
凤湖出名青橄榄，南澳出名甜石榴；
南澳出名老冬蛴，地都出名大赤蟹；
葵潭出名大菠萝，澄海出名好卤鹅；
海门出名大红螺，月浦出名狮头鹅；
海山出名大虾插，溪口出名甜杨桃；
邹堂出名青皮梨，石狗坑出乌梨畔；
府城出名鸭母捻，梅林出名大红柿；
下湖出名好荔枝，达濠出名鲜鱼丸；
樟林出名大林檎，隆都出名甜米粲；
凤凰出名单丛茶，内陇出名酥杨梅；
石马出名石马柰，东湖出名大西瓜；
……

潮菜的第二个特点是精心烹饪。文学家者流喜欢夸张地说潮菜烹饪大师们善于“化腐朽为神奇”。说“腐朽”过头了，说“普通”或者“一般”比较接近事实。潮菜的食材除了高档的燕窝、鱼翅、鲍鱼、海螺、海参、鱼胶、大龙虾等之外，其他菜品的食材多数是来自普通的海鲜、禽畜和蔬果。再简单不过的食材，也能花样翻新，做出色香味俱佳的菜肴来。我曾经在中央电视台的美食比赛节目里看到过，一位参加比赛的澄海大哥，获奖的一道汤叫“龙舌凤尾汤”。名称可是令人遐想顿生的、上得了厅堂的雅致；食材呢，不过就是几条剥壳留尾的明虾，加上几片切得薄薄的、椭圆形的、口感爽脆的菜脯（萝卜干）而已，成本也就在比赛规则限制的30元之内。看这个节目的时候，我就想起来著名文学家梁实秋先生写的跟随澄海籍的著名学者黄际遇教授在青岛大学（山东大学前身）吃潮菜时也谈到了的吃虾的情节。

黄际遇先生是个数学家，曾经留学日本、美国，也是一位国学根底深厚的学者，可以在中文系开讲“古典诗词和骈文”，在历史系开讲“魏晋南北朝史”。他也是个美食家，饮食考究，在青岛教书时还专门“从潮州（澄海）带来厨役一名专理他的膳食”。梁实秋跟着吃了，赞不绝口：“一道一道的海味都鲜美异常，其中有一碗白水汆虾，十来只明虾去头去壳留尾巴，滚水中一烫，经适当的火候上锅，肉是白的尾是红的。蘸酱油食之，脆嫩无比。”后来梁实秋到了台湾，想起要吃这道菜，就叫家里的厨子做了，就是没吃出青岛时的味道来。我想，有可能是虾选得不够新鲜、不是“就流”的，要不就是火候掌握不好，也许是煮老了。哈哈！

潮菜的“化普通为神奇”，其实源于千家万户的“主中馈”者（家庭主妇们）自觉不自觉的创新和创造。米谷主粮不够吃的年份，番薯几乎成了主食。主妇们愣是用多种烹饪方法，轮流使用，把番薯也做得香甜可口，久吃不厌。整个“熻（hib[4]，焖煮）”着吃，烤（煨）着吃，切片“搭”（贴在铁锅上）着吃，加米煮（番薯粥）着吃。如果家里有糖的话，糕烧或者做反砂薯块吃，那可是顶流吃法了，现在这两样都成了餐馆里顾客爱吃的最后甜点了。番薯还可以搓成丝儿煮粥，磨成泥提炼淀粉然后做蚝烙（牡蛎煎），做成小小的丸子可以煮糖水，家里有谁感冒发烧之后肠胃不好就煮着吃；还能做成番薯粉丝，我老家农村里叫“方（bang[1]）签”，逢节日时才煮来吃的，如果有鸡蛋、白菜，甚至五花肉、爆猪皮，那就是无论男女老少、人见人爱的佳肴了，类似于东北人都爱吃的东北菜——“乱炖”吧！至于驰名大江南北的“护国菜羹”，不过就是红薯叶泥和高汤做的一碗羹。当然了，给它配上一个精彩的历史故事使它有了文化内涵也很重要。

我们还可以举煮粥的例子，大米全国哪里没有？谁家没有？但是把煮粥做成餐饮行业的一个可以单独开店、营业额比一般菜馆还多的门类，也就只有潮汕人能煮得出来了。我在西北的敦煌、东北的哈尔滨，居然都能吃到潮汕砂锅粥，真是服了在那里开店的老乡们了！

潮汕话把粥叫作“糜”（muê^{5}）。糜的种类很多，除了白糜之外，有各种各样的“芳糜”：猪肉糜、膀粕糜、鱼糜、蟹糜、虾糜……鱼糜则还有“橨鱼（豆腐鱼、九肚鱼）糜”“鱿鱼糜”“鲳鱼糜”“草鱼糜”等；还有素食类的秫（zug^{8}）米糜、小米糜、大麦糜、番薯糜等。

“煮白糜”听起来好像最简单，但要煮好一锅让潮汕人认可的“糜”着实很不容易，首先是煮粥的米和水大有讲究，最好是东北的珍珠米和矿泉水；二是煮的方法上的门道，这锅“糜”里的米粒必须“外软里硬、米汤黏稠而米心有核

儿”；三是“糜”从煮熟到开吃的时间也要讲究，要“唔迟唔早啱啱好”（不迟不早刚刚好）。我常在外出差，不管是汽车站、高铁站，还是机场，离家的车程大约都在半个小时至一个小时之间，上了出租车就给守家的太太打个电话报平安：“我回来啦！”其实是给她递个信号：“请淘米下锅，煮糜啦！”太太习惯了我的这种“委婉语”，砂锅白糜大概20分钟煮好，让它“洰（ge^{2}）”10分钟正好吃：一是温度适口、不烫不凉；二是稠度适中、有饮（am^{2}）而黏。我往往是行李箱一放下，连手都来不及洗，就美美地享受起“一日不见，如隔三秋”的永远的初恋——白糜。

我曾经听东海酒家钟大师成泉兄介绍过他如何花样翻新、将普通的“橨鱼”（doin^{6} he^{5}，澄海叫“蛇鱼”，广州叫“九肚鱼”，江浙叫“豆腐鱼”，学名“龙头鱼”）除了做成“橨鱼咸菜汤”“橨鱼糜”“炸橨鱼”“橨鱼煲”之外，还把它烹制成蒜香橨鱼、铁板烧橨鱼、椒盐橨鱼、菠萝橨鱼、橨鱼丝瓜烙、橨鱼煮咸面线/粉丝/粿条……用成泉兄的话说，就是“你的用心，让豆腐鱼也翻身”。橨鱼本来是比较便宜的家常菜食材，成泉兄却能够用心研究，把它烹调成为席上美味佳肴。“用心”是关键词，道出了潮菜的另外一个突出特点——精心烹饪。

其实做什么事都是一个样：喜欢了，才会对其“用心”；“用心”了，才会有所发现、有所创造。这是一个带有哲学性的普世规律，不仅仅适用于饮食行业。

至于潮菜酒店里的高档潮菜，不但食材昂贵，烹饪技法高超，而且是各家名店“八仙过海，各显神通”，各有擅长，普通家庭是做不来的。几乎每一位潮菜大师都有自己的独家绝活和看家名菜。我就曾经听好几位香港朋友说，到汕头来，就要去吃东海酒家的“烧鯆螺”，那可是钟大师成泉兄的拿手绝活。而纪大师瑞喜兄最拿手的应该是鱼胶的制作与烹饪，林大师大川兄则是以制作和烹饪大鲍鱼驰名。

其实，潮菜本来是千家万户潮汕人的家常菜。天天做潮菜、吃潮菜是潮汕人的一种日常生活方式，本地人幸福感爆棚，外地人羡慕不已。但也有一个毛病，就是潮汕人到外地去，总觉得吃不好：不是嫌口味太重了，就是怪食材不新鲜，或者烹饪不得法。潮汕本地的潮菜馆里有点小贵、北上广深港等大城市酒楼里价格颇高的潮菜，是潮菜的另外一种面目——高档潮菜。其食材高档且经精挑细选，汇集各地应时食材，并经名厨大师主理烹饪；高档的潮菜馆通常也都装修雅致、服务周到。这是商业型的潮菜，价格高也是物有所值。

这套丛书第一批共有5本，其中三本——钟成泉的《潮菜名厨》、纪瑞喜的《潮菜名菜》、林大川的《潮菜名店》是三位大师的经验之作，我估计他们是分工合作，分别从厨师、菜式和菜馆三个方面对潮菜的总体面目做个介绍，给读者一个比较全面的印象。

《潮菜名厨》的作者是钟成泉大师。钟大师是1971年汕头市首期厨师培训班的学员，从著名的厨师，到自己创业，半个世纪过去，这中间他换了很多单位，也经过了很多名师名厨的指点，也与自己的师友多有交流，可谓经历丰富，转益多师。在这本《潮菜名厨》里，有他的培训班的老师，也有培训班的同学，还有他工作过的各家餐室、酒家的潮菜师傅：罗荣元、陈子欣、蔡和若、李锦孝、柯裕镇、林木坤等。他写的不仅仅是潮菜名师，其实也是半部潮菜发展史。钟大师大著的特点是资料很珍贵，文字很“成泉”，别的人写不出来。我见过他的初稿，那是他一笔一画写在手机上的，真的是“第一手”资料！

《潮菜名菜》的作者是本套丛书的主编纪大师瑞喜兄。1983年，高中毕业的纪瑞喜到汕头技工学校厨师班学习烹饪技艺，后来到当时很著名的国际大酒店工作，一边工作一边偷师学习潮菜烹饪和酒店管理。后来，他辞职出来与朋友合伙办饭店。1994年，他创办了自己的建业酒家。在汕头，龙湖沟畔的建业酒家几乎无人不知。纪大师瑞喜兄爱思考，爱琢磨，对40年来的潮菜烹饪和30年来建业酒家的经营管理有一套成熟的经验。这本《潮菜名菜》介绍的就是他自己琢磨出来的几十个名菜。如果您家庭生活费已经实现开销自由，可以到潮菜酒家照书点菜，尝一尝、品一品；如果生活费还需加严格管控，也可以把这书当菜谱，回家依样画葫芦，自个儿买来食材，学习做菜。

《潮菜名店》的作者是林大师大川兄，他是“岭东潮菜文化研究院”的院长。大川兄经营酒家几十年了，年轻时从家乡澄海学厨艺、当厨师、办酒家开始，后来去了泰国普吉岛等地办潮菜馆。他走遍中国港澳地区和东南亚各国，见识了世界各国、各地的潮菜（中国菜）馆。最后又回到了原点——汕头来经营潮菜酒家。他一边经营着酒店，一边整理记录着往日见过的那些有特色的各国、各地的潮菜酒家，就成为现在这本《潮菜名店》了。有机会的话，读者可以按图索骥，去这些酒家尝一尝，看看大川兄所记录的是否属实。当然，相信有些好菜馆大川兄可能还未及亲自去品尝、考察过，遗珠之憾，一定会有，有待大川兄今后进一步补遗拾缺。

《工夫茶》的作者张大师燕忠兄是汕头市潮汕工夫茶研究所所长，2010年从华南农业大学茶学专业硕士毕业后，就一直从事工夫茶的经营和研究工作，至今也10多年了，是工夫茶界的后起之秀。由他来写《工夫茶》一书，是最合适的了。为什么潮菜丛书里会有一本工夫茶的书呢？这就要从潮菜与工夫茶的关系谈起了。潮汕人“食桌”（吃宴席），上桌前先喝足工夫茶，可以看作是“开胃茶”；席间还得穿插上两三道工夫茶，是为了解腻助餐；酒足饭饱之后，还要再换上一泡新茶叶，喝上三巡再撤，是为消饫保健。所以，中档以上的潮州菜馆，每一间包厢里都布置了工夫茶座。

《潮菜文艺》的作者是杜奋。小杜是中文系硕士，长于网络搜索技术及文字书写。从韩愈的《初南食贻元十八协律》算起，跟潮菜有关系的诗文、书画如韩江里的鱼虾，很多很多。文艺范的食客吃了潮菜，赞不绝口，大都会留下诗文或书画，一抒胸臆。把这些诗文、书画“淘”出来，并不容易，幸亏小杜的网络技术了得，才使这些赋予潮菜文化品位的宝贝得以集中起来，与读者见面。读者可以一边品赏潮菜，一边翻阅这本书，看看名家是如何品评潮菜的，与你的“食后感”是否一样。

潮菜，是我一辈子的挚爱！美食家蔡澜用潮语“扶舌”俩字赞美潮菜，是说潮菜被人“呵啰（夸奖）到扶舌”，是啧啧称赞的意思。我也是一样，说起潮菜来，便喋喋不休，一不小心就写了七八千字。我自己还曾经受邀担任过一套潮菜全书的编委会主任，想为潮菜文化做点事，但由于协调能力有限、力不从心，遂致半途而废。现在的这套潮菜丛书的编委会主任李总裁闻海兄才高八斗，且人脉广泛、江湖地位高，其尺八一吹，应者云集。从书作者们在他的领导和敦促下，日以继夜，终于成稿。自己未尽的心愿，终于有人完成，我当然乐见其成。遂作此文，以为祝贺！

是为序。

甲辰酷暑于花城南村

目录

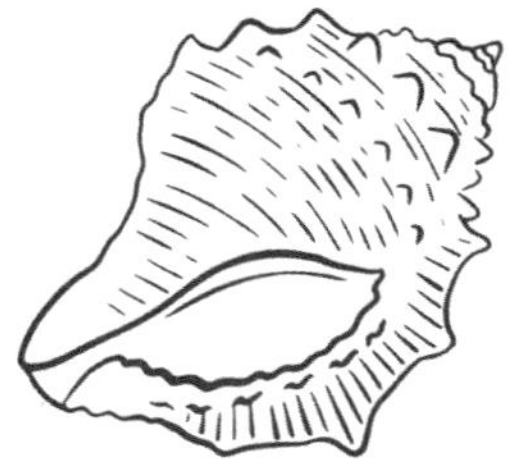

序

秋高气爽的一天，汕头市岭东潮菜文化研究院院长林大川先生送来了《中华料理·潮菜丛书》之一《潮菜名店》的书稿，要我看看，并为书稿写个序言。我虽非潮菜文化专家，但作为潮菜老饕，"久食知味"，多年食的实践，多少能品出一些道道，而且本世纪初曾参加一个规模不大的学术研讨会，提交过一篇讨论潮菜如何走向世界、扬名立万的文章，可说对潮菜的文化有点滴体会，所以推辞不掉，只好滥竽充数、勉强应命，再磨磨久搁了的笔尖了。

与潮菜文化结缘，探讨潮菜走向世界的起缘始于我研究香港潮汕商人发展史时的无意发现。当年潮菜正处于兴盛的高峰期，不单作为亚洲物流、金融中心的香港潮州菜风行、潮州酒楼林立，内地各大沿海开放城市同样以潮菜作为招待嘉宾贵客的最高档佳肴，连远洋的欧美各大商业中心，潮州酒楼也如雨后春笋，纷纷破土而出。这是20世纪中的现象。而回顾以前的历史，虽不能说潮菜毫无名气——江湖就流传着潮菜某大厨为毛泽东主席、朱德委员长以及外国元首理馔，精作潮菜，获得盛赞的美传，但均是个例。以前各大城市，潮菜酒楼寥寥，名声不响；中国各大菜系，潮菜未能独立入册；潮菜虽早就随潮人移民的足迹走向五湖四海，但除了潮人聚居地，其精华外人却知之甚少。这些都是不争的事实。为什么中国实行改革开放政策后，经济急速发展，特别是经济全球化浪潮汹涌的年代，不知不觉中潮菜便风行了起来，一跃成为中国菜的代表？这个课题好像没有人提起。

潮菜走向世界，实现完美蝶变从哪里开始？它的内因和外因究竟是哪些？这个问题，在研究香港潮商历史、翻阅潮商饮食界史料时我方恍然大悟，原来潮菜走向世界，有一个“高档化”“精细化”改造的过程，而勇立潮头者即是香港的“金岛燕窝潮州酒楼”。它是香港第一家豪华的潮州酒家，首创设立海鲜大池，加上高薪聘请名厨，推陈出新，精烹巧制，全面发挥了潮菜色香味俱全的优点。尽管价格不菲，但慕名而来者仍络绎不绝，连日本游客也专门组团越洋前来品尝。于是，改造后的潮菜从香港起步，搭乘着经济全球化的大潮很快便席卷全世界。

如今盛名天下的潮菜扬名起步居然不是始自原汤原汁的家乡，这结论相信许多潮菜师傅和本土学者心理上都难以接受，所以我的那篇意在抛砖引玉的小文发表后，并未溅起多少涟漪。而且奇怪的是，之后讨论潮菜文化的文字日趋繁盛，鼓吹潮菜美味自古已天下闻名的有之，认真讨论潮菜发展史、潮菜与经济社会发展关系的仍乏人问津，这不能不令人叹息。

潮菜的迅速扬名得益于站在全球化经济的风口上，得益于它内在的优美质素。然而，我们也不应忘记，在潮菜漫长的成长道路上无数烹饪大师的传承和创新；不应忘记，曾以潮菜招牌闻名于世的众多名店。各时期、各地方的潮菜名店，汇聚了历史上一代代名厨名师，互相学习、互相促进，成为那个时代潮菜最高水平的代表。正是综上内外因素的结合，最终成就了潮菜这一枝绚丽的美食之花、艺术之花。我以为《潮菜名店》的编撰，其目的就在于为历史留下一段段美好的记忆，记下潮菜名店、名师的历史功绩。

《潮菜名店》的作者是真正的行内人，汕头潮菜名店“101”的创始人，大师级人物，闯荡餐饮江湖、沉浮经年，潮菜在泰国的传播发扬有他的一份功劳。加上同门师兄弟遍布寰宇掌勺开店，所以谈起海内外潮菜名店、名师、名菜自是信手拈来、如数家珍。这册名店所列，既有潮汕本土、内地其他大中城市如广州、深圳、珠海、上海、北京、武汉、苏州、南京、沈阳、青岛、东莞等，以及港、澳、台地区，又有亚洲的新加坡、马来西亚、泰国、越南、老挝、柬埔寨、印度尼西亚、日本、韩国，北美的美国、加拿大，欧洲的英国、法国、德国、荷兰、比利时、瑞士和丹麦，大洋洲的澳大利亚和新西兰等国家和地区，名店不下百余家。除了经济相对落后的非洲和南美，可说囊括了全球各大洲的主要国家和城市。这幅潮菜名店的分布图，是不是也从侧面印证了前面所讲的一个道理：潮菜的全球性崛起是和经济的繁荣度密不可分的！

名店之所以有名，在于它有突出的特色。这本讲潮菜名店的图书，从这方面努力，不但讲它最为出名的菜肴，也讲它的历史、它的环境、它的名厨，甚至它的故事，再配以令人垂涎三尺的招牌菜精美图片，简直就是一幅幅世界潮菜美食的导游图。相信它能够成为吸引读者食客、增进潮菜知识的一本好书。

通读这册《潮菜名店》，仍觉得隐隐的遗憾：所列名店虽多，分布虽广，但还有缺漏；名店的介绍也有的略显简单。

当前逆全球化的寒流正在漫延，作为经济繁荣弄潮儿的潮菜面临着严峻的考验，豪华的商务应酬、大场面的喜筵寿酌、社团宴会不再如往日般热闹，以奢华潮州筵席闻名的酒楼名店当然是首当其冲，生意萎缩。如何保持潮人与时俱进的精神，顺应潮流，再造辉煌，我以为有几点潮菜界应该做到：

一是保持精美的潮菜本质，保住高档菜的招牌。高档消费的市场虽萎缩，但仍存在，千万不能为降低成本而粗制滥造，砸自己的招牌。

二是努力适应饮食市场多层次、细分化的变化，主动探索走潮菜专营化道路，创建一大批各具特色、少而精、档次不同的专营潮菜店，占领细分化的市场。

三是改革既有的经营管理方式。有条件的应尝试学习麦当劳、肯德基等跨国公司连锁式、标准化的现代经营方式。

愿“最好吃的中华料理”这块金字招牌擦得更亮、熠熠发光！

是为序。

陈荆淮

前言

“凡是有海水的地方，就有潮人存在。”潮汕先民来自中原，在潮汕大地生殖繁衍，又一批一批地向海内外移民，形成了今天全球都有潮汕“胶己人”的局面。全球约有4500万潮汕人，2022年潮汕三市常住人口1300多万人；约有1/3潮汕人分布于国内其他地区，以珠三角地区最集中；港澳台地区有潮籍同胞200多万。海外潮人80%分布在东南亚，以泰国最多；其余海外潮人主要分布于西欧、北美和大洋洲。

一部潮人移民史，也是一个潮菜传播四海的过程。一方水土养一方人，尽管人们总在迁徙中，却不忘带着家乡的味道在路上。从樟林港出发的红头船上，不仅有要去海外谋生的人，还有贡菜、菜脯、甜粿……一些潮人到海外，谋生的本领便是开个小食店、小餐；还有一些人以做生意谋生，这个群体被称为潮商，因其善于经商，逐渐形成一个享誉世界的美称——“东方犹太人”。

中原移民的中华文化基因，海内外拼搏谋生带来的文化交流，本土味道与多样食材的碰撞，逐渐形成当今的潮菜，成了一种美食象征。我们努力地试图搜集分布于海内外的潮菜店铺，追寻潮汕往昔的潮菜老店。在短短的几个月时间，我们走访了本国的香港、北京、上海、广州、深圳、潮州、揭阳等地以及泰国的曼谷，拜访潮商会的领导、酒店老板与大师，考察一些酒店餐馆，获取第一手资料，为编写本书提供充实基础。尽管这样，由于时间和能力有限，编入本书的名店仍然是挂一漏万。

呈现在本书的名店，我们做了这样的安排：汕头开埠之后的老店，通过历史资料尽量记录下来；当今在潮汕本地营业的潮菜店铺众多，仅挑选一些我们认为有代表性的；在北京、上海以及珠三角的名店，目前能够了解到确切资料的，尽量呈现；海外的名店，尤其在北美、欧洲和大洋洲的，尽管没有达到期望的了解程度，我们也格外珍惜地把能够搜集到的信息呈现出来，希望起到抛砖引玉的作用。我们坚信，有潮人的地方就有潮菜。

本书的结构按照时间和空间两大部分编排，潮汕本地的名店按照时间顺序，潮汕以外区域的名店按照空间由近到远的顺序，呈现给读者的是每一家名店的地理位置、发展历史、品牌荣誉、创始人或主理人等信息，以及店铺或餐厅外观、代表菜品，图文并茂，有较强的可读性。本书为热爱潮菜文化的读者提供潮菜名店的线索，为潮菜文化研究提供参考。

第一章

味道潮汕：潮菜名店在潮汕

潮菜百年：近代潮汕潮菜名店

1860年汕头开埠，迅速崛起，商业贸易高度繁盛，工业蓬勃发展，文化教育与医疗卫生事业蒸蒸日上，城市建设快速发展，成为一个充满生机与活力的近代大都市，这是汕头一个具有里程碑意义的历史大事件，对潮汕地区社会发展有着深远历史影响。

从1860年开埠到1921年设市这61年时间，汕头从一个海边小渔村发展成为一个大都市。1921年，汕头成立市政厅，1930年，汕头成立市政府，汕头逐渐取代潮州成为粤东地区的政治、经济、文化中心。

在商业贸易高度繁盛这一历史背景下，海内外各行各业人才汇集汕头埠，大批潮菜名师高手亦齐聚汕头，推动汕头餐饮业的快速发展与繁盛。酒店、酒楼、酒馆、饭店、食肆集中在以小公园为中心的放射状街区。

20世纪20年代至40年代，汕头经营潮菜的餐馆酒楼竞相建立。《潮梅现象》一书有这样的描述："汕头巨商及内地殷户在汕头行乐者，为数甚多，故大酒楼的建筑如雨后春笋。"据《汕头指南》所载，1934年，"汕头市区菜馆有凤记、华记16家；酒楼有中央、中原、永平、陶芳、楼外楼、亚洲6家；饭店有光兴、合记等23家；旅馆酒店有中央旅社等28家；客栈有倍盛等130家；西餐饮冰有14家（其中4家附设）"。

这些酒楼、饭店、旅馆多设于升平和国平两路，除国平路之醉月楼及安平路之醉白楼、联春园，还有怀安街的光华楼，育善街的楼外楼，以及升平路的醉西园、醉琼楼、醉乐园等。

“陶芳好鱼翅，中央好空气，永平好布置。”这是20世纪30年代汕头埠一句人们耳熟能详的顺口溜。永平酒楼、陶芳酒楼、中央酒楼、中原酒楼是当时汕头四大著名酒楼。

老汕头四大酒楼

永平酒楼

永平酒楼有旧新两座。老永平酒楼位于永平路1号，新永平酒楼位于永平路11号，与外马路交界，两楼之间隔着元兴巷。

永平酒楼和汕头邮局（陈胜生《踏寻老街印证“特区”》，陈胜生供图）

永平路原来叫作“第一津街”。1922年，永平酒楼在第一津街建成，给第一津街带来了极大商机。是年8月2日，强台风在潮汕登陆。“八·二”风灾横扫汕头。风灾过后，被严重损毁的第一津街拓建成马路，取路名时，因“永平酒楼”而改名为永平路。马路两侧的楼房也逐步改建成集商业与居住为一体的近代骑楼建筑。

经过多年改造，永平路成为连结“四永一升平”“四安一镇邦”这两个繁华商业区的主要马路之一。各行各业都在这里竞争，最主要、最出名的就是华洋杂货店。沿街大行大铺，有银行、酒楼、布铺、成衣店、绸缎庄、鞋庄、帽子店等，一间接一间。商铺竖起的街招十分醒目，至今叫得上店号的有和兴（纸行）、公兴（纸行）、合茂丰（纸店）、棋昌（印务）、其芳（照相馆）、英英（照相馆）、益汉（药房）、天源酿酒、陶金玉（陶瓷店）、普香（杂咸铺）、仁合（干鲜果店）、洪心合（糖烟酒店）等。

位于永平路1号的永平酒楼，与南生公司大楼等成为其时汕头埠地标建筑。永平酒楼是一座欧式4层楼建筑，坐北朝南，通面阔15.5米，通进深64.2米，建筑面积995.1平方米。一二层是餐饮，三四层为旅馆。四层以上的天面，还有一些建筑物，是露天活动所需的设施。酒楼为砖石木结构，正面呈左右对称式，正门顶部塑5颗五角星，门额顶部有欧式团花图案浮雕，正门外沿设X形折合式拉闸门一道。

酒楼建成后生意兴隆，红红火火，远近闻名。虽很有名气，但当时酒楼的房间收费是汕头埠酒楼3个档次最低等的，每晚银元1~3.2元，比客栈略高而已。

酒楼是谈生意的最佳场所。商人经常出入酒楼，图的不是口福，而是钱财。有的人甚至一日进出三四次。上永平酒楼谈生意在当时是一种礼节，一种程式。生意一经谈成，老板们对满桌菜肴不屑一顾，又马不停蹄转战其他业务，往往商家双方达成协议握手离开酒楼时，桌上的菜还没有上齐，有些嘴馋胆大的人力车夫就常常溜进酒楼，趁着酒楼伙计忙，来不及撤残席的空当，在残席上饱餐一顿。

永平酒楼曾经是中国共产党领导群众性革命运动和集会的场所，因此，永平酒楼不仅有辉煌的饮食历史，更有光荣的革命历史。

1931年永平酒楼因为经营不善，被迫关闭。1939—1945年，酒楼被强征作为日本驻汕头领事馆。1945—1949年，永平酒楼改为中央银行汕头分行，后遭遇空袭，毁坏成2层。2019年重建的永平酒楼为5层洋楼。

修缮一新的永平酒楼（韩荣华摄）

2021年5月中旬，电影《暴风》在汕头开机，老永平酒楼被选择作为片场之一。

1933年，汕头在永平路11号建造新永平酒楼，至1936年落成，始称“擎天酒楼”，老一辈汕头人喜欢叫作“晴天酒楼”。

开业时，酒楼登报以“擎天酒楼”求冠首对联，应对者众多，入选的对联是：

擎出广寒宫，酒觞览醉鮀江月；

天然俱乐部，楼阁高凌妈屿云。

新永平酒楼是一座三开间的8层钢筋水泥建筑，其中7—8层向后缩入，为中西合璧建筑风格。酒楼正门是扇高达两层的半月形大拱门，门框上饰有彩灯。

进门的大堂气派辉煌，有一个高4层的八卦栏廊和一座钢化镜面的英式进口电梯，各楼层的窗户玻璃都是意大利进口的彩色玻璃，流光溢彩，十分醒目。

酒楼内部更是十分奢华。除进口电梯外，还有进口灯饰、象牙筷、玻璃器皿和铜转炉，房间都配酸枝餐桌椅，无不彰显贵族气派。酒楼共有18个包房，分别以当年全国18个省份命名。

正是因为新永平酒楼布置完美，故而有“中央好架势、永平好布置、陶芳好鱼翅、中原好空气”的说法。

新永平酒楼经营范围相当于现今的酒店，集餐饮、住宿、娱乐于一身。1楼为适合普通大众消费的餐厅，2楼为高级的宴会厅，3至6楼为客房。大厦还配有冰室和商场。6楼是专门作为接待贵宾的住处，共有4套套房。套房中除了卧室外，还配套小餐厅和警卫房。

新旧永平酒楼是同一股东，在生意场上互相呼应，扬长避短，越来越红火。

酒楼厨师是业界顶尖水平，那时候酒楼出了个潮菜大厨许香桐名扬餐饮界，有“天顶雷公，天下许香桐”之美誉。在汕头市南粤潮菜餐饮服务技能培训学校的档案室中有一份手写的“汕头开埠百年潮菜厨师历代表”，按照这份潮菜厨师世系表，第一代潮菜厨师代表人物就是许香桐、许响声、蔡学诗、郑怀义等14人，世系表称他们为“第一代宗师”。

陶芳酒楼

陶芳酒楼是20世纪20年代由晚清洋务运动先驱丁日昌的曾侄孙、潮梅矿业大亨丁子久创设，位于永平路与至平路交界处的万安街4号。

陶芳酒楼（黄松书供图）

酒楼是中西风格相结合的4层小洋房，欧式地砖。1楼拱门外为方形附墙柱体，2楼柱脚下筑基座，上塑古希腊神殿式三角造型屋檐。

厅房摆设都非常讲究，配备进口的彩色玻璃窗，使酒楼显得非常洋气，菜肴、餐具档次比其他酒楼规格高，并且有“陶芳女招待盖全汕头埠”美誉。

当时的陶芳酒楼是海外侨胞回乡酬客宴宾的首选之地，也是各大洋行商人的聚集地，普通市民走到门口都望而却步，若偶有机会进入品尝一次，回来后总是对亲戚朋友说个不停，细细回味数年，甚至终生难忘。

陶芳酒楼最有名的菜是鱼翅，有“陶芳酒楼好鱼翅”之美称。潮菜最喜欢使用的是钩翅，也称为“金钩翅”。这种鱼翅的翅尾似鱼钩，翅饼厚而饱满，翅针密，在阳光下照射看不到透明。

20世纪三四十年代的潮汕，由于人们生活水准低下，一般酒楼烹制鱼翅比较少见，只有一些华侨偶尔从海外带回，作家宴之用。随着汕头埠商贸经济的繁荣和人们生活水平的提高，鱼翅类菜肴逐渐成为潮菜酒家菜式，且烹调方法在传统制法的基础上不断有所提高。在潮汕饮食界，传统的潮式鱼翅名声卓著，融会了“南散北排”两大流派的煮法精华。潮菜鱼翅最著名的烹制方法是传统的“红炖鱼翅”，还有“清炖鱼翅”“火腿鱼翅”，等等。

陶芳酒楼烹饪的鱼翅以清炖为主，吃法也极其讲究，浙醋、火腿丝、银芽（去除头尾的绿豆芽）、香菜（芫荽）4种配料必不可少。翅端上来，行家先呷一口汤，尝尝翅汤的味道，之后趁热夹进几叶芫荽，再呷一口感受翅汤滋味的变化，接着拨些火腿丝进碗里，与鱼翅拌着又吃上几口。喜欢吃醋的，这时才倒点浙醋下去增鲜提味。

陶芳酒楼还配有雅丽的女侍待客，有“女侍雅丽，菜式新奇”之说法，实系美女佳肴，一应俱全。

潮菜名师肖文清记得的俗语是“擎天楼是好空气，陶芳酒楼好鱼翅，中央酒楼好架势”。两种俗语虽然不尽相同，却都同时承认陶芳酒楼的鱼翅最顶好食。陶芳酒楼于1951年停业。

收藏于汕头丁公馆内的陶芳酒楼所用意大利餐盘
（陈胜生供图）

中央酒楼

中央酒楼又叫中央和记，位于安平路10号，即小公园南生公司（百货大楼）3—4层，建于1932年。

南生公司自从1932年建成之后至今都是小公园街区的地标建筑，其时南生公司是汕头埠最高建筑，一共有7层，内部有欧式电梯，而且在6层和8层分别有尖顶建筑小品和天台花园。南生公司由梅县籍华侨李伯桓集资筹建，在当时是十分前卫的商业综合体，集百货、餐饮、住宿、娱乐

中央酒楼（韩荣华摄）

于一体，号称“统办环球货品，搜罗中华国货”。1—2层为南生有限公司，经营百货，3—4层为中央酒楼，5—6层为中央旅社，7层为西餐厅。中央酒楼宴会厅装潢古色古香、高贵古雅。

中原酒楼

位于居平路4号，1933年4月开业，原称中原酒家，曾改名明芳酒楼、大中华饭店。

中原酒家是继南生公司之后最为雄伟的建筑，为四方形式样，共有8层，层楼高耸，其建筑风格可与南生公司媲美。二、三、四楼为酒楼，五、六、七楼为旅社，左边另设房间式建筑一座。中原酒家与南生公司并驾齐驱，同为汕头两大标志性建筑物。

除了上面四大酒楼外，位于国平路与外马路交界的西南通酒楼也是一家知名酒楼。1947年出版的《汕头指南》有其广告，声明“西式厅房、空气凉爽、池盆浴室、冷热水喉、一切设备，美丽堂皇、招待周至、无负雅望”。

此外，汕头埠还有不少外国人开办的酒楼、旅馆，比如1924年英国人在外马路汕荫巷口开办的“适宜楼”。适宜楼一译名为“亚司得酒店”，是汕头早期唯一一家欧式旅馆。近代汕头埠的外国人中，数日本人最多，他们在汕头开办的酒楼大多位于崎碌一带。

永平酒店、陶芳酒楼、中央酒楼、中原酒楼、西南通酒楼齐聚小公园商业区，构成一个颇具规模、非常繁华的商业—服务业圈。

名店不能没有著名厨师。开埠后，随着汕头埠商业贸易的发展，华侨纷纷投资汕头，小公园老市区一带大小店铺星罗棋布，酒馆茶室相间林

中原酒楼（韩荣华摄）

立。特别是1921年成立汕头市政厅，带动了新一轮建设和新一股移民潮，其中包括大量潮菜厨师。这些潮菜大师就包括许香桐、蔡学诗、蔡金意、蔡得发、蔡森泉、蔡利泉、蔡利钦、曾茂镇、曾开深、朱光耀、朱彪初、蔡福强、李树龙、吴再祥、刘添、柯裕镇、林昌镇、翁耀嘉等。

这些历史名酒家烹饪的潮菜，都有自己受社会认可的名牌菜。主要菜名有红炖鱼翅、清炖乌鸡、炒桂花翅、生炊鸡、红炆鲍鱼、水晶鸡、清鱼翅盒、炆鱼翅卷、清鸡脚鲍、生菜虾、清汤虾丸、生炊羔虾、清芙蓉虾、三仙鸡、厚切螺片、八宝素菜、清汤螺把、炆萝卜圆、油泡螺、醉竹笙、红炆松鱼头、太极鸟蛋、泡肚腰只、清鸟蛋、杏仁白肺、烤乳猪、鸡皮木耳、清炖白鸽、三丝官燕（甜味）、板栗、莲子、芋泥、官燕、樱桃、木耳等。

较出名的手工菜有龙穿虎肚、鸡茸海参、百花彩鸡、石榴鸡、芋茸香酥鸭、出水芙蓉鸭、巧烧雁鹅、干炸虾枣、酸甜粿肉、清鸭掌丸、明炉竹筒鱼等。

潮州胡荣泉

胡荣泉是潮州古城百年店，以经营地方色彩浓厚的小吃著称，自创业以来就一直享有很高声誉。胡荣泉位于潮州市湘桥区太平街148号。

1911年，以经营潮州小吃为生的胡荣顺、胡江泉兄弟，各用其名的一字，在潮州太平路开了一间约20平方米的甜品小店，命名为“胡荣泉”，向全城首推独家甜食“鸭母捻”。不久，该商号便随着这种松软润滑、香甜可口的甜品声名鹊起，成为潮州古城的知名店铺。

胡荣泉（韩荣华摄）

潮州瀛洲酒楼

瀛洲酒楼是由潮州北门外绅士林慰臣于1925年开办的，该酒楼位于太平路状元亭巷头，4层民国风格建筑。第一、二层是酒楼，第三、四层为旅社，每层约200平方米。

瀛洲酒楼经营潮菜宴席，主要制作潮州传统名菜，品种除海鲜、家禽畜、蔬果类外，还经营燕翅鲍类高档潮菜。酒楼菜式做工精细，注重原料质量，菜肴具有浓郁的潮州风味，瀛洲酒楼还有一个十分突出的特点，凡宴席必配点心，点心多为潮州名小吃，如小米（烧卖）、水晶包等。

在瀛洲酒楼主厨的都为潮州本地潮菜名厨师，如管罗立、沈瑞霖等。抗日战争爆发后，酒楼被迫停止营业。

瀛洲酒楼原址（李坚诚摄）

旧日经典：20 世纪 50—70 年代潮汕潮菜名店

从中华人民共和国成立到改革开放之前，潮汕各地饮食业基本是由饮食服务公司领导主管。这个时期的餐饮店主要是饭店，规模不大。尽管餐饮业不繁荣，一批潮菜烹饪人才却在这个时期成长起来。数量有限的餐饮老店留给人们的记忆还是美好而深远的。

汕头大厦

1956年5月1日，位于永平路11号的永平酒楼修缮后改名为“汕头大厦”，成为汕头市饮食服务业第一家国营企业。至改革开放前，汕头大厦一直是汕头最高的楼，成为汕头市人民政府接待重要宾客的主要场所。汕头大厦被业界誉为“粤东地区餐饮业代表”“粤东地区餐饮业的历史象征”。

“文化大革命”期间，汕头大厦曾被迫停业28天，恢复经营后生意依然热闹。

到20世纪70年代，汕头大厦举办多期厨师培训班，培养出了一批年轻人。这些后起之秀对潮菜的传承和发展作出了巨大贡献。当时汕头大厦里的大厨们还走出了汕头，到广州、北京等地为外宾烹煮佳肴。

在汕头乃至整个潮汕地区，汕头大厦的潮菜美食成为很多人的美好记忆，即便是在物资紧缺的年代，这里仍能出品令人垂涎的美味。在当年，

汕头大厦（翁志雄摄）

能够到汕头大厦里面用餐可是相当值得炫耀的一件事，里面出售的冰棍雪糕也是不少人童年最快乐的回忆。

曾担任汕头市餐饮协会会长的肖文清先生、东海酒家创办者钟成泉先生等潮菜大师，都曾在汕头大厦工作。

在汕头灯谜界，至今还流传着一则谜坛骁将陈少梅先生将购买中山奖券所中奖全额贡献给谜事，在永平酒楼租场地作谜会会场的美谈。这开创了潮汕灯谜大联猜的先河，也给汕头大厦增添了传统文化情怀。

20世纪90年代初，汕头大厦结束营业。楼体虽然长期空置，但是内外墙体仍然十分坚固，保存基本完好，楼顶上方1933字迹清晰可见。汕头大厦是一座在老一辈汕头人和海外潮人心中留下深刻印象的美食地标，因其独特的建筑风格与历史事件而具有重要历史文化价值。2017年，汕头大厦旧址被公布为汕头市第六批文物保护单位。

2014年5月6日，汕头大厦进行修缮，重点将该处建筑脱落、缺失的部件进行还原，恢复其原有绚丽丰富的色彩。汕头大厦修缮改造后，成为汕头老市区历史保护与可持续发展有机结合的文化标志。

汕头大厦在2021年被作为红色革命题材电影《暴风》的片场之一。这栋曾经汕头商埠最高的标志性建筑，以修旧如旧的风貌，继续矗立在这片历史文化街区之中。

标准餐室

位于小公园老潮兴街巷内，创于1952年，是一幢4层高的洋房，由胡烈茂、李得发、童华民、杨壁元、杨壁明等出资开办。

标准餐室经营时间主要分为两班，早班凌晨5点上班至下午2点，晚班为下午2点至凌晨2点。早餐经营肉包、馒头、花卷、油条、咸煎饼、糯米酥盒、标准小米（烧卖）、白粥、及第粥。中午主要经营饭菜及小炒，晚上以小炒为主兼酒席，晚9点半后为宵夜，主要为炒面、炒粿条、杂烩汤等。

标准餐室（韩荣华摄）

据钟成泉先生回忆，汕头饮食史上有很多传说便是由标准餐室的出品而来。

“及第粥”是标准餐室主要名菜，下的料有猪肝、赤肉，或拌鸡蛋葱花藏于粥的碗底，稀黏滑嘴的口感让味觉兴奋，再放几块油条碎花块。

标准餐室除了经营饭菜、小炒卖、筵席外，还有非常有特色的甜汤。由甜点能手杨美娟、陈荣喜等组成的甜汤部，出品豆浆、牛奶、清甜莲子、清甜百合、清心爽丸、芝麻甜干面、糕烧白果等。点心部师傅是蔡茂文先生。

生肉大包是标准餐室非常有特点的早餐，每当生肉大包出笼时，必排队才能购买得到。生肉大包的做法是在猪肉的腌制上下功夫，加入南乳汁、沙茶酱、酱油、白糖、酒、味精等，使肉馅味道层次丰富。

标准餐室是综合饮食店，筵席菜有豆酱焗鸡、炊莲花鸡、牛奶鸡球、川椒鸡球、菜远鸡球、五香炆鸡、炸云南鸭、酸甜排骨、佛手排骨、绉纱芋泥、干炸肝花、干炸果肉、干炸虾枣、五柳炸鱼、红炆鱼块、生炒鱼片、油泡鲜鱿、油泡田鸡、鳝鱼应菜、清炖羊腩、北葱炆羊、巧烧肥鹅、卤烧大肠、焖角玉肉、焖角玉脑、炊百花鸡、炸吉列虾、炸笔筒虾、笔筒鱼册、清醉菇汤、反砂芋头、糕烧芋泥、八宝素菜、红烧白菜、膀肪酥肉、枸杞鸡脚翅、酸甜咕噜肉等。

标准餐室可称为汕头市餐饮业界的“黄埔一期”。东海酒家创始人钟成泉先生是罗荣元师傅1971年在标准餐室培养的首批弟子之一，据他记载，1971—1973年，罗荣元师傅受饮食服务公司指派，培养了汕头市首届厨师班共16名弟子。1974年、1977年、1979年这3年的短期培训中，他又和张清泉师傅、蔡得发师傅、郭瑞梅师傅、郑瑞荣师傅、吴再祥师傅等受汕头地区饮食服务总公司邀约，为汕头地区各县、市进行短期培训，学员有21人。1979年末到1980年初，他为汕头地区商校培训了一批潮菜中专生。受汕头市劳动局的邀请，1982年、1983年、1984年，罗荣元师傅连续3年为汕头劳动技术学校培训烹饪专业班作理论实操技术培训，培训的学员有10多人。这些以罗荣元师傅为主的老师傅培养出的一批又一批潮菜技艺传人，后来成为潮汕地区潮菜的大厨、大师。

油泡鲜鱿

五福餐室

位于汕头市五福路，前身是普宁罗氏家族创立的老南和菜馆，公私合营之后扩建，改为五福餐室。厨师是李朝成，他的拿手菜是鱼头转炉、鱼生与鱼粥；另一个厨师李明河先生，主管的是泡粿条面。在五福餐室工作过的名厨师还有刘文程、杨合泉、黄然勿等。

五福餐室地处旧时汕头蔬菜交易中介的地方，招徕了南北来往商客。

原五福餐室（韩荣华摄）

飘香小食店

位于汕头市国平路39号，1963年创办，由一个私塾祠堂改造而成，主要经营多种小吃品种，基本都是属于“无米粿”（薯粉做皮，包不同馅料的粿），突出品种是水晶球与煎蚝烙。

林木坤师傅和“肥老四”杨叔是香煎蚝烙两大高手。他们用一口生铁平鼎（潮汕地区称大锅为“鼎”），把薯粉加水稀释后加入生蚝珠和葱珠，倒入鼎中平煎；鸭蛋3粒击破入碗，调入鱼露、味精、辣椒后用竹筷打散，铺在蚝浆面上。厚朥慢煎，赤色后切角转过来，换另一面煎，慢煎至金黄色且达到酥脆即成，撒上胡椒粉，配上芫荽、鱼露。

时至今日，飘香小食店仍然生意兴隆，被授予“中华小吃名店”称号。

飘香小食店（韩荣华摄）

汕头旅社

位于汕头市商平路43号，中华人民共和国成立前叫“五洲酒店”，1945年4月22日被美国飞机轰炸，1948年由香港同胞重建，称为“新生饭店”，公私合营后改称“汕头旅社”，是一个集吃、住于一身的老式旅馆，20世纪70年代初期是接待东南亚华侨探亲的最主要旅社。

来自潮阳的陈升源师傅擅长制作猪手。其做法有很多种，包括粤菜中的“白云猪手”“发财就手”，潮菜中的“红烧猪手”“梅汁焗猪手”，客家菜中的“南乳炆猪手”“盐焗猪手”等。

罗应顺师傅烹制的“南乳汁贯穿猪手”味道与众不同。他用猪脚前脚开瓣改块，再用清水洗净晾干，蒜头整粒、辣椒原粒、生姜整块、生蒜仔、芫荽、香菇等配料放入鼎中热煎后汇入猪手爆炒，让鼎气贯穿整个猪手中，注意在这一过程中注入南乳汁、白糖、酱油、酒等调料，用慢火焖至入味，猪手焖熟后呈现出南乳汁粉红色，带有糟曲味的腐乳香味会令人回味无穷。

原汕头旅社（韩荣华摄）

北方餐馆

位于汕头市居平路4号，平房式的杉木加贝灰砖结构。北方餐馆旧址后来被改建为南方大厦。

北方餐馆有刘雪依师傅制作的瓮饼、张木丰师傅制作的煎包以及北方饺子、云吞饺子兼粿面汤等品种，主要是考虑到在汕头工作生活的外地人的口味要求。20世纪70年代，北方餐馆的大包、北方饺子颇受市民好评。

北方餐馆（今南方大厦，韩荣华摄）

外马路公共食堂

1956年因公私合营而成立，经历三易其名——外马路公共食堂、人民饭店、新华酒店。

早期的外马路公共食堂主体结构是木质和贝灰砖建成的，单层的高度体现出一点庭院风格，它不同于那种进门就是销售档口的格局，而是具有园林廊榭的韵味，占地面积较大，宽敞的大厅连着厨房，而厨房又连着点心部加工工作间，形成一圈，中间是小花园。

外马路公共食堂原址（韩荣华摄）

外马路公共食堂设置饭菜部、汤面部、点心部、甜汤部、冰室部等，经营以饭菜为主，兼营小炒卖。饭店称为公共食堂，带有明显的时代烙印，供应猪肉大白包、馒头、花卷、油条、牛舌酥、咸煎饼等。当时的汪建邦经理曾经说过这么一句名言：“冬天抓油条，夏天抓雪条。”

饭菜部主任是柯永彬师傅，他年富力强，带领王继文、翁耀嘉、林昌镇、陈芝茂等一众厨师，以品种多样化、价位低、大盆形式摆放，以固定梯阶价位销售，因而得到大众顾客的欢迎。

潮菜泰斗级人物蔡得发也曾经是公共食堂驻店大师。他早年用一只炖锅把菜做得令人拜服，江湖称蔡得发师傅为“锅伯”。

点心部以班长张彦生师傅和陈荣基师傅为主力骨干，他们每天起早摸黑，兢兢业业，把公共食堂办得相当出色。

广场餐室

位于汕头市跃进路26号的北国饭店（跃进店），就是广场餐室的旧址。广场餐室位于同益路与跃进路交界处，是一座带有竹棚灰砖结构的餐厅。虽然是竹棚灰砖结构，但餐厅按照饮食标准进行配置，而且聚集了汕头市卢灼螺、赵来顺、肖文清、陈锡辉、黄永城、陈文正等名厨。

广场餐室的牛肉丸以香脆而十分出名。卢灼螺师傅带领林祝浩师傅、李树钊师傅等把牛肉的韧筋去掉，挥锤击砧，硬是把牛肉捶成肉浆，挤成弹脆感强烈的肉丸，让去广场周边的人领略到牛肉丸和熬煮牛腩的味道之美妙。

广场餐室的汤面“好食”。赵来顺师傅和林煌榈师傅会按时把汤面备足，广场餐室竹棚结构密封不好，汤滚时，香味已飘出，吊起人们的胃口。广场餐室还经营小炒，由黄祥犇师傅主理，还有主厨陈文正师傅、林桂来师傅。

后来，竹棚灰砖结构的广场餐室被改造为一幢高6层的水泥洋灰砖结构的楼宇，成为汕头市商业局办公楼，留给广场餐室的是一、二层。

饮食服务公司与人民饭店决定提升广场餐室的规格，配备更全面的技术力量，厨房调来蔡和若大师傅，蔡培龙、陈文正、罗鸿生、蔡孝文师傅等主力，主理日常中的小炒、筵席，一时让很多人前来争相观看与学习。点心部从汕头大厦调来肖文清、陈锡辉、黄永城师傅等，开辟了饼食包点的营业，除了日常肉包、馒头、花卷、油条、牛舌酥之外，又增加了蛋糕、膀饼等。肖文清师傅还把广式茶点开辟起来，早点供应炊排骨、焖凤爪、辣味金钱肚、叉烧酥、蛋挞、萝卜糕、马蹄糕等，品种花样多，让人眼花缭乱，大开眼界。

广场餐室还开设冰室，形成综合经营的食店，一时间成为汕头市饮食上绝对的聚焦中心。

改革开放后，广场餐室与香港合资经营，改名为“富鲜酒家”，结束其历史使命。

广场餐室原址（韩荣华摄）

中山饭店

位于汕头市公园路与中山路交界处，靠近中山公园，3层高的骑楼建筑。正门上了楼梯就是饭菜部，摆设简易的木桌和木椅，是一间外表普通的饭菜馆。

中山饭店厨师力量相当雄厚。饭菜部有刘绍雄、朱桂溪、方立升、郑燕弟、刘雄南等；米制部有陈锦明、洪瑞娇、邢义明、古锡臣等；鱼粥部有蔡利泉、陈德雄、黄维新、黄楚华等；甜汤部有黄木海、谢佩君、黄楚辉、林瑞珍、姚惜芳等。

饭店名菜有红炆猪脚、煮咸菜鳗鱼等。米制部主要生产面包、馒头、花卷、油条和咸煎饼。最值得一提的是楼下门店的甜汤部与鱼粥部，吸引了大批顾客，节假日期间必定爆棚，人们排长龙等吃碗鱼粥或甜汤。鱼粥部的蔡利泉师傅与其弟蔡利钦是大家公认的潮菜名家。

中山饭店辖下有新兴餐室、中山冰室与中山公园茶室。

中山饭店旧址（韩荣华摄）

新兴餐室

位于汕头市新兴路北段，是中山饭店分店，集炒糕粿、牛肉丸、蚝烙为一体的餐室，兼营小炒卖。炒糕粿、牛肉丸、蚝烙是新兴餐室三大名菜，远近闻名。老汕头人想吃炒糕粿，就是要去新兴餐室。

新兴餐室厨师亦人才济济。小炒部的吴再祥、胡金兴、孙秋添、胡国文；糕粿部的徐春松、陈耀通、李少英、徐松坚、蔡汉文；汤面部的曾松兴、李连轩、杨文添、陈德和都是业内有名的大厨师。其中，徐春松师傅被誉为“汕头炒糕粿之父”，胡金兴师傅享有“蚝烙王”之称。

随着汕头人口向东转移，汕头新兴餐室也关门停业，退出了历史舞台。

新兴餐室原址（韩荣华摄）

中山公园茶室

中山公园茶室成立于1954年，修建在中山公园玉鉴湖上，坐拥中山公园最美的湖景。茶室属汕头饮食服务公司管辖，是中山饭店属下三大分店之一。

中山公园茶室名为茶室，实是餐馆，供应茶茗与饼食之外，午间及晚上还经营炒卖兼筵席，既可品茗赏景又有美食酌酒，豪饮饱吃于胜景，令人流连忘返。

公园茶室的第一任负责人是许世富先生，潮菜名厨吴再祥、蔡利泉、林贞桂师傅等主理小酌、炒卖及筵席；饼食行家郑学庸、郑松、李汉卿等烘焙饼食，熬制糖点茶配。

1964年，中山公园茶室工作人员被分拆入中山饭店与公园管理处。1969年7月28日，中山公园茶室被大台风摧毁，虽然后来有修缮，但因经营管理体制改革而脱离汕头饮食服务公司。1994年，公园茶室与香港潮商杨贯一合作，专门烹制“阿一鲍鱼”。

中山公园茶室（韩荣华摄）

大华饭店

坐落于汕头市外马路与大华路交界处。大华路是1959年新开的一条道路，饭店可能由此被命名为大华饭店。饭店高2层，走入正门便是木质楼梯，2楼是旅社。

为了综合经营，楼下厅面布局多样化。从外马路进入正门的左边，面向马路是包点饼食售柜门面，右边是甜汤售卖部门面，左边与大华路连接为冷饮制作车间，夏季生产雪条、雪糕、冰花、汽水等，再往里面是露天花园，为夏季喜欢吃冰花、雪糕者提供良好的露天活动场地。在甜汤售卖处往右边是一大厅，大厅的左边是泡粿面部，右边是饭菜部小卖部，后面是饭菜部厨房，厨房后段是点心部加工区、洗碗区域，在当时就体现了卫生分布的合理性。

大华饭店也经营筵席与点菜炒卖，厨师班子有李树龙、罗荣元、蔡希平、胡森兴、谢别人等，还有服务员技师林昌恭、郑瑜、廖鑫、蔡婵英等。后来，饭店因形势变化而无法实现筵席及小炒卖，终究歇业。

大华饭店原址（韩荣华摄）

杏花旅店

因位于汕头汽车总站对面的杏花村而冠名。1959年动工，1962年落成，与大华饭店、外马路公共食堂有着异曲同工的庭院格局与综合功能。

旅店的饭菜部有刘添、吴庆、陈有标、李淑平、郭赛凤等师傅；点心部有陈喜、陈水喜、伟川、木龙等师傅；汤面部有张炎忠、陈创兴、纪绍南等师傅；冰室有王顺明、陈光国、蔡卓华等师傅。

点心部以大众食品为主导方向，主要有猪肉大包、叉烧包、豆沙包、水晶包、馒头、花卷、油条、牛舌酥、咸煎饼、笑枣等。

汤面部设在一个来往客商最多、最热闹的地方，简单、方便、价廉、汤美，非常适合来了就吃，吃了就走的人群。

杏花旅店原址（韩荣华摄）

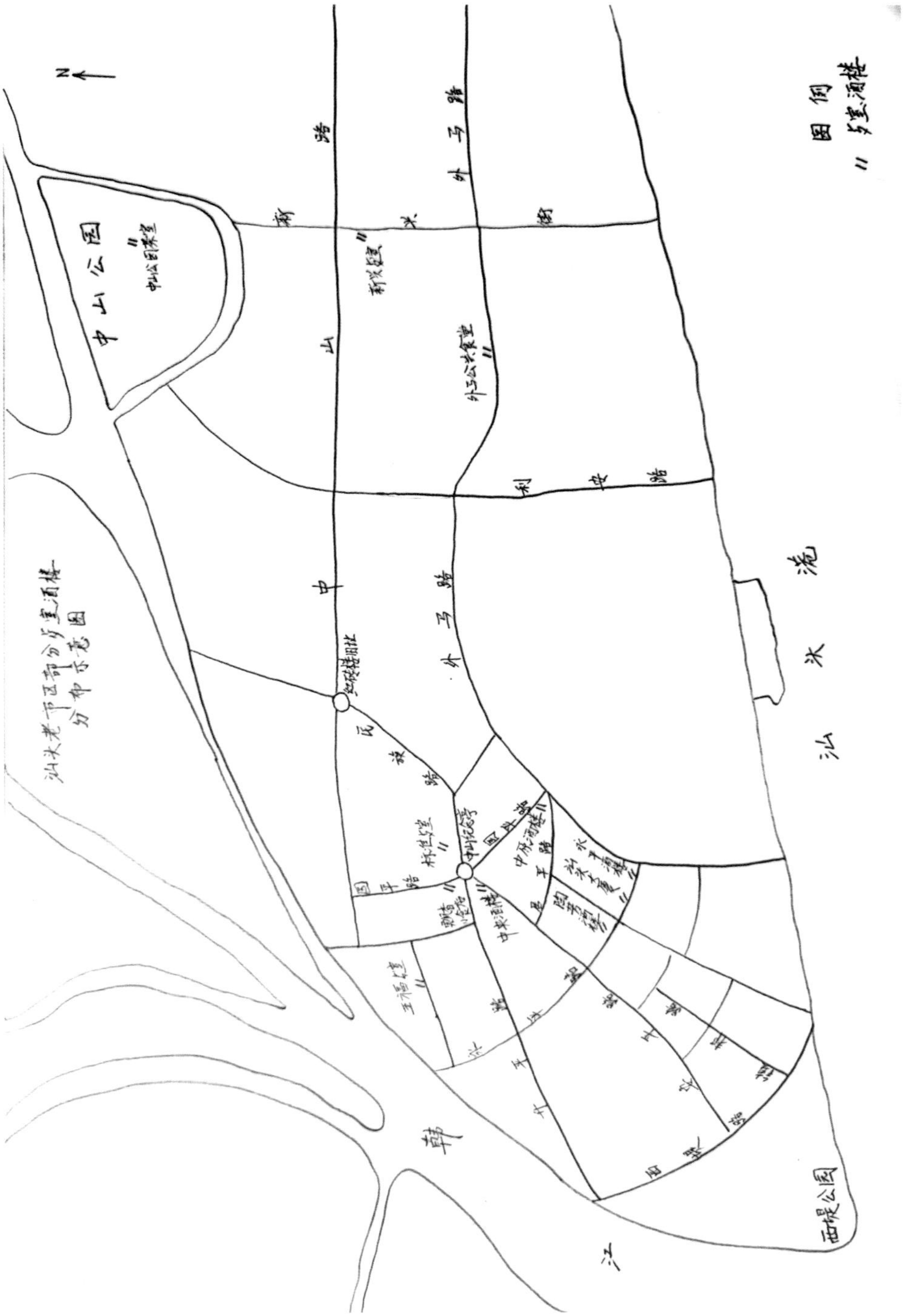

汕头老市区部分餐室酒楼分布示意图（李坚诚绘）

口味盛宴：改革开放以来潮汕地区潮菜名店

潮汕是全国著名侨乡，汕头港是华南地区对外贸易的重要口岸，是沿海25个国家级主要港口之一。汕头是中国最早成立经济特区的4个城市之一，1981年，在汕头市郊龙湖划出1.6平方公里土地，建立汕头经济特区。2011年5月1日，汕头经济特区范围扩大到汕头全市，总面积2064平方公里，总人口560．82万。

改革开放之后，潮汕行政区调整，1983年12月22日，撤销汕头地区，汕头市管辖澄海、潮阳、揭阳、揭西、普宁、惠来、饶平、南澳8个县和潮州市（已撤销潮安县）以及汕头市5个市辖区。1991年潮州市升格为地级市，辖潮安县和饶平县；撤销揭阳县设立揭阳市，辖普宁市、揭东县、揭西县和惠来县。至今潮汕地区行政区划为汕头、揭阳、潮州三个地级市并立。

改革开放，尤其是汕头经济特区的成立及发展，潮汕地区与海内外的经济互动迅速发展，促使餐饮业的繁荣。2003年潮州市被中国烹饪协会授予“中国潮州菜之乡”牌匾，2004年汕头市被中国烹饪协会授予“中国潮菜之乡”牌匾。

40多年来，一座座高规格、高档次、高级别、高品质的现代化酒楼、酒店拔地而起；海鲜大排档、海鲜火锅、牛肉火锅店更是层出不穷。

鮀岛宾馆

位于汕头市金平区金砂路36号，地理位置得天独厚，交通便利。原属于汕头市饮食服务公司，1978年建成营业。

鮀岛宾馆餐厅部由陈伟仪和赵芝贤主管，餐厅分为厨房、点心、楼面三部分。厨房人员有主厨柯裕镇，副主厨陈友标，厨师有魏志伟、钟成泉、陈基铭、王月明、陈芳谷、卢惜光、陈汉章，此外还有一批年轻的厨师，包括许振平、陈瑜亮、谢建华等，共同组成了厨房团队。

改革开放的春风沐浴了每个角落，复苏了的饮食业在鮀岛宾馆更显得突出。宾馆餐厅每天接待各行各业的会议，开业请客、结婚摆酒、生日祝寿，热闹非凡。

鮀岛宾馆（韩荣华摄）

柯裕镇师傅在汕头大厦时已是大名鼎鼎，调来鮀岛宾馆更是奠定了潮菜大师的地位。他主管厨房出品，变着戏法出菜，早年学的一些烹调技术发挥得淋漓尽致，让人们惊呼不已，深感潮菜的魔力。

开业初期鮀岛宾馆的菜品主要有四拼彩盘、生菜龙虾、彩丝龙虾、厚剪角螺、油泡角螺、油泡田鸡、佛手田鸡、生炊膏蟹、鸳鸯膏蟹、炊百花鸡、清炖白鳝、炸松子鱼、干炸果鱼、红烧白菜、酱香砂锅鸡、枸杞炖脚翅、薏米炖脚鱼。咕噜肉、炆三仙鸽蛋、糕烧芋、反砂芋、糕烧白果等一些以前酒家未做过的菜也得以呈现。

1983年初，汕头市政府决定与泰国合作经营鮀岛宾馆。10月，中泰合资鮀岛宾馆开业，这是汕头经济特区最早的中外合资三星级宾馆。

1984年下半年，泰方任命港商余绍森为代表，任总经理。余绍森带来了香港的管理手段和饮食文化，启用了2楼经过重新装修的筵席厅堂，厨房雅座在当时堪称一流。被遗忘已久的鲨鱼鱼翅、墨西哥车轮鲍鱼、大响螺、元贝 、鱼肚、海参纷纷登场。一些菜肴体现了质的变化，红炖鱼翅、红炖龟裙、王瓜焖鲍、鲍角三仙、沙律龙虾、干烧雁鹅、酱香水鸭、厚剪响螺、清炖鹧鸪、荷包白鳝、绣球白菜、玉枕白菜、红焖海参、梅膏焗鹅掌、明炉烧响螺、生炊大蟹钳等菜品逐渐成为主流。

鮀岛宾馆，代表着老饮食服务公司率先进入改革开放的年代，在潮菜从旧时代走向新时代的转折中，有着重要的历史地位，起着积极的历史作用。

龙湖宾馆

位于汕头市龙湖区大北山路2号，毗邻龙湖区政府大楼，1984年正式营业。

龙湖宾馆是汕头经济特区的产物。1981年11月21日，汕头经济特区在龙湖沟附近一片荒地挂牌成立。为适应招商引资接待，需要建造一座高档次的宾馆，因所处的地方在龙湖沟边，遂取名龙湖宾馆。

建成后的龙湖宾馆隶属特区旅游总公司管辖，由特区政府垂直领导。龙湖宾馆集中了许多优秀烹饪人才，一批原饮食服务总公司的厨师被招募过来，如吴贵雄、李锦孝、李得文、胡烈茂、柯永彬、何国忠、陈木水、许爵钦、吴仁忠、陈松华、蔡三元、黄中煌、陈业辉等。

餐饮生意很快红火，从蚝烙、牛肉丸汤到海参、鲍鱼、鱼翅、响螺、龙虾、石斑鱼，应有尽有。菜肴逐渐从单一潮菜体系走向多样化。

龙湖宾馆（韩荣华摄）

在特区发展的早期，龙湖宾馆是特区政府宴请宾客的唯一地方。

龙湖宾馆可以说是汕头经济特区的原点。以其现代化设备与园林式结构，幽静雅致环境而独具一格，是一家集住、吃、娱乐以及商务活动于一体的多功能四星级宾馆。

汕头国际大酒店

位于汕头市金砂路52号，1988年建成营业，简称“国贸”，是当时汕头最高楼。粤东地区首家国际级酒店，秉承“精雕细琢，出类拔萃”的服务宗旨，为宾客提供一应俱全的服务。

国际大酒店（韩荣华摄）

国际大酒店创立之初，从香港聘请利园国际酒店管理集团管理，建立了一套完整的管理服务体系及培养了众多酒店管理人才，成为汕头第一家名副其实的国际酒店，被原国家旅游局评为“全国十佳酒店”。

国际大酒店接待了不少国家领导人和海内外嘉宾。李嘉诚每次来汕头都下榻国际大酒店，共入住了28次。酒店曾于1990年曾接待坦桑尼亚副总统，1993年曾接待尼泊尔政要，1994年接待国际微笑行动医疗队，1995年接待杨振宁、李政道、丁肇中等国际著名的物理学家，1997年接待澳大利亚“开心行动医疗队”……

汕头国际大酒店是传统美食与国际美食的积极推动者和交流平台，拥有潮菜餐厅、港式茶餐厅，还有提供国际美食的旋转餐厅——旋宫；自主创新的菜式有鸳鸯焗龙虾、杧果沙律虾、普宁豆酱焗鸡、明炉乌鱼、炒糕粿、糕烧番薯、香煎鼠壳粿，都是国际美食节的获奖菜品，在新加坡、泰国、中国香港等国家及地区举办的国际美食节中获得当地客人的好评。

老火靓汤、锡纸酱香排骨、炸蒜香排骨、炸子鸡、烧鹅、烧猪、叉烧肉等，都带有港粤味道。

港式鲜虾饺、烧卖、豉椒凤爪、金钱牛肚、蒸排骨、煎萝卜糕、叉烧包、叉烧肠粉、韭黄肠粉、陈村粉、鲜虾云吞面、窝蛋粥、牛肉粥和烘焙式叉烧酥、蛋挞等港味十足点心深得潮汕人民的喜爱，厨师和点心师都是从香港聘请过来的，是潮汕地区第一家名副其实的港式茶餐厅。

位于23楼的旋转餐厅旋宫被评为“汕头新八景”，宾客坐在餐椅上可以景随厅移，还伴着钢琴的演奏。在相当长的时间里，国际大酒店成为汕头市的新地标。餐厅提供一应俱全的国际美食，每年均举办国际美食节：日本美食节、东南亚美食节、越南美食节、墨西哥美食节、澳洲美食节……成为国际美食的交流推动平台。

汕头国际大酒店注重经营管理和企业文化的建设，是汕头同业酒店中员工流失率最低的酒店。酒店还请著名词曲作家、音乐制作人陈小奇、兰斋创作了店歌《月下金凤花》，这首歌脍炙人口，广为流传。

金海湾大酒店

位于汕头市龙湖区金砂东路96号。金海湾大酒店是粤东地区首家五星级商务酒店，坐落于汕头最繁华的商业金融地带。酒店拥有客房400间/套，中西餐位近2000个、会议厅9个，各项设施先进完善，是举办商务会议及大型活动的首选场所。

金海湾大酒店，中庭圆形透顶可以看到蓝天，客房则呈半弯弧度，方便俯瞰海湾。大酒店在2楼划出一块独立区域，招引合资者或承租者来经营餐饮酒楼。20世纪60年代移居香港的彭电武，用香港潮州城的冠名加入到金海湾大酒店，把港式新潮菜做得如火如荼，具有一定吸引力。

金海湾大酒店因而出现了两种不同风格菜式，代表着港资承租的潮州城大酒楼和代表本酒店的中餐部相映生辉，相携提高。

金海湾大酒店荣获“中国星级饭店五十佳”“中华餐饮名店”称号，荣获中国建筑最高荣誉“鲁班奖”，荣获“中国旅游业标志性饭店建筑”金奖，为“中国名酒店组织”“国际金钥匙组织”成员酒店。

金海湾大酒店（韩荣华摄）

帝豪酒店

位于汕头市龙湖区金砂东路188号，占地4000多平方米，是五星级酒店。

汕头帝豪酒店以各式各样的亚洲及西方美食赢得不少国际旅客称誉。有汕头一流日本料理水车屋；可勃罗西餐厅的烛光自助餐品种丰富；帝苑潮州酒楼则主打潮菜名菜。

2006年6月，广东省企业联合会、广东省企业家协会授予帝豪酒店“广东省餐饮企业100强”荣誉；2008年8月，广东省旅游饭店星级评定委员会授予帝豪酒店“绿色饭店”荣誉；2009年7月，广东烹饪协会授予帝豪酒店“广东百家美食名店”荣誉。

帝豪酒店（韩荣华摄）

汕头君华海逸酒店

汕头君华海逸酒店位于汕头市金砂路97号，坐落于鮀城中央商业区，地理位置优越，交通尤为便利，信步可达各大购物中心及娱乐场所。秉承“君子服务·华夏传统”的服务理念，以真诚、细致和有品质的服务特色，让客人满意和惊喜。殷勤贴心又亲切好客的服务内涵，精致多元的餐饮选择，加之完善的休闲娱乐设施，是一座拥有318间豪华雅致客房的五星级商务酒店。

酒店建筑外观（酒店供图）

酒店大堂（酒店供图）

汕头君华海逸酒店二楼鸿桃轩中餐厅为明式简约古朴的装修风格，有宽敞舒适的大厅用餐区和9间雅致包厢。传统的食材结合前卫新颖的烹调手法，出品数百款特色菜肴及正宗的潮粤料理和种类繁多的潮粤精致点心。

中餐厅行政总厨马逸山，潮菜高级技师，醉迷厨艺30余载，精耕细作，创新求变，以潮菜烹饪技艺高超而名闻遐迩。不善言辞、性格内敛的他制作菜品时却极富创新及钻研精神，精准把控潮菜精髓，烹饪技术精湛纯熟。他信奉的座右铭是：做菜，不仅要用“手”，更要用“心”。

中餐厅大厅（酒店供图）

中餐厅包厢（酒店供图）

行政总厨马逸山

酒店近年荣获奖项主要有：2023年全国绿色饭店领跑者TOP100企业；2023年中国酒店业优质服务酒店；携程网2023年度汕头豪华酒店榜；携程集团2023年度最佳合作酒店；2023年汕头市住宿龙头企业；中国酒店业优质服务酒店；中国最佳城市度假酒店。

汕头君华海逸酒店历年美食殊荣主要有：汕头市餐饮协会授予“汕头名小吃”称号；汕头市人民政府授予“美食之家”牌匾；百家美食名店最具影响力奖；2019年创新菜品特金奖；2019年创新菜品金奖；中国潮菜金牌名店。

该酒店前三名招牌菜有黄汤翅、潮式腌车白和香茅鸽。

黄汤翅

选用大扇鸡、光鸭、鸡油、火腿及干贝等慢火熬制5小时，将熬制好的黄汤过滤备用。取用适量黄汤加入发制好的鱼翅，放入适量调味品，浇上薄芡即成。

黄汤翅

潮式腌车白

将车白洗净过下热水，随即置入冰水中遇凉，沥干捞起备用。将蒜头、芫荽、红辣椒及九层塔切成细末，加入酱油及麻油等调料混合均匀。随后将料汁倒入车白中，浸制30分钟即可。

潮式腌车白

香茅鸽

乳鸽放入香茅汤中煮制30分钟后捞起沥干，表面刷上脆皮水，吹干待用。将处理好的乳鸽放入油锅内，炸至外皮金黄，沥油切块摆盘。

香茅鸽

东海酒家

东海酒家位于汕头市龙湖区长平路123号广海大厦。最早由钟成泉兄弟于1992年3月创办于金平区龙眼北路，1997年10月迁至现址。

汕头东海酒家是家传奇老店，身上镌刻着经营者的独特气息。入行50年、经营东海酒家30年的钟成泉是潮菜界的传奇人物之一，东海酒家的菜品都由他亲手定制，从高端潮菜到地瓜叶或是笋丝，细节处的把控显示出东海酒家的实力。

东海酒家以传统潮菜为主，最大特点正是保留了很多潮菜古早味，知名菜肴有炭烧响螺、猪脚炖鱼翅、油泡麦穗花鱿等。比较出名的还有干炸蟹枣、寸金蟹卷、炸家乡虾饼、腐皮香酥鸭、巧烧雁鹅、干烧水鸭、豆酱焗鸡、糯米酥鸡、焖芝麻鱼鳔、酸甜猪脚、蒜香佃鱼（龙头鱼）煲、绣球白

东海酒家（东海酒家供图）

炭烧响螺

油泡麦穗花鱿

王者翼中翅

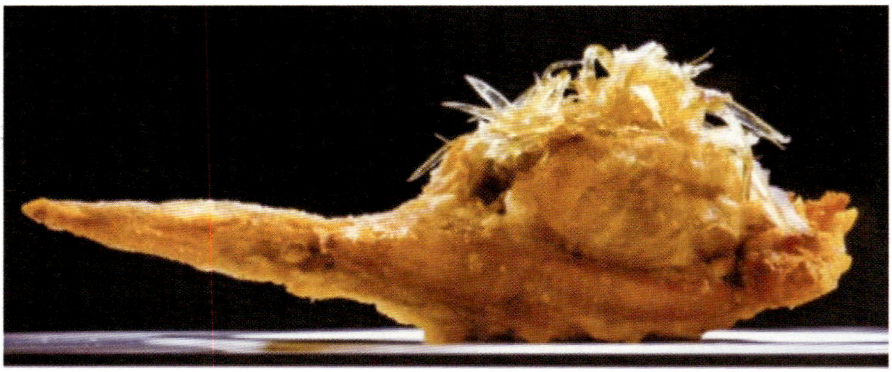

菜、红烧白菜、芋泥甜油粿、虾米笋粿等。干炸肝花、五香炸果肉则属专为贵宾特别烹制的菜肴。最能体现东海酒家风格的，是蟹肉燕窝和炭烧响螺。

1971年，钟成泉参加汕头市饮食服务公司举办的厨师培训班，在行内摸爬滚打了40多年。钟成泉先后到妈宫、飘香小食店、汕樟饭店、陶芳酒楼、市第二招待所、汕头旅社等食店学艺。又先后在汕头大厦、大华饭店、鮀岛宾馆工作，从一名普通炒鼎厨工到后来成长为餐厅的主管。1992年，钟成泉辞职下海，创办了一家属于自己的酒楼——后来声名远播的东海酒家。

近几年，钟成泉先后将自己多年积累的烹饪经验与技艺进行总结，撰写并出版《钟成泉经典潮菜技法》《潮菜心解：一百零八种潮汕味道》《饮和食德——潮菜的传承与坚持》《潮菜名厨》等专著。他还参与过纪录片《老广的味道》“炭烧响螺”的拍摄，被外界称之为“螺王”。

腐皮香酥鸭

彩丝大龙虾

香域水岸壹零壹陶怡居

香域水岸壹零壹陶怡居，坐落在风景秀丽、景色宜人的韩江支流新津河畔。潮菜烹饪大师林大川从20世纪80年代创办澄海“东楼酒家”以来，弘扬潮菜名师精神，追求传统潮菜“本味”，古为今用，洋为中用，不断推陈出新创出具有自己特色的潮菜名菜，并于2017年6月创办了香域水岸壹零壹陶怡居私房菜。近10年来，先后参加第一届、第二届国际潮州菜大赛等，获得了奖牌，并不断开发创新名菜。同时，还于2021年创办汕头市岭东潮菜文化研究院，开展潮菜文化的宣传、交流和研究。

香域水岸壹零壹陶怡居创始人林大川

香域水岸壹零壹陶怡居外观

香域水岸壹零壹陶怡居室内

大排鱼翅

蟹肉炒鱼翅

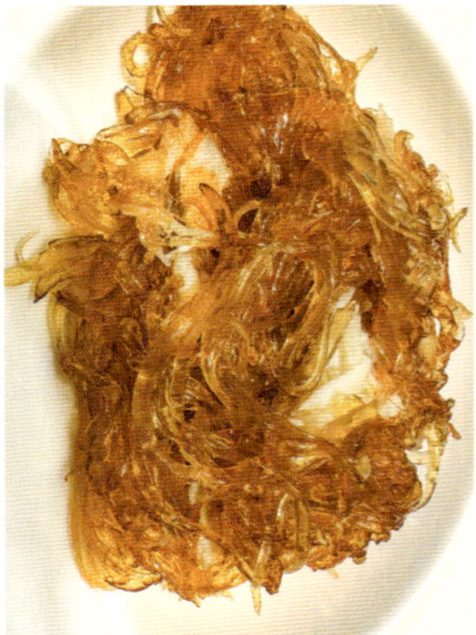

壹零壹焗吉品鲍鱼

火腿石榴官燕

荣轩食府

荣轩食府位于汕头市龙湖区衡山路69号。

荣轩食府的主理人蔡振荣出身于潮菜世家，从事厨业40多年。其父亲蔡希平是潮菜烹饪界著名的老师傅，潮菜特级厨师。蔡振荣自幼酷爱潮菜烹饪，1980年进入汕头市饮食服务总公司跟随父亲与诸多前辈学习潮菜烹饪，对技艺精益求精，潜心研发潮菜健康养生药膳。蔡振荣先后在大华饭店、金源餐厅、新兴餐室、东江大酒楼等担任厨师、主厨。1996年创办汕头市龙湖区振海食府，2008年创办汕头市荣轩食府餐饮管理有限公司。2012年考取国家中式烹调（潮菜）高级技师资格；2019年参加中国烹饪协会职业技能竞赛注册裁判员培训并获得注册裁判员资格；2021年获得广东省“粤菜师傅”五星名厨的称号、中国钻级酒家等级评定评审员资格；2022年获得广东省首批烹饪（中式烹调）专业正高级工程师。

创始人蔡振荣（荣轩食府供图）

阿荣鲍鱼（荣轩食府供图）

将潮汕美食带到世界，将汕头餐饮的品牌形象推广到世界各地，是蔡振荣的理想和目标。他曾多次应邀前往新加坡、泰国、马来西亚等国家和中国香港、澳门地区进行厨艺交流。他提倡的养生、药膳、营养理念和精致菜肴技艺也获得国际同行的认可。担任世界中华美食药膳研究会顾问、韩国药膳文化协会顾问、中华餐饮发展学会顾问、国际饮食养生研究会副秘书长等职务，并连年担任国际美食养生大赛的评委，为潮菜烹饪技艺的传播作出了较大贡献。

2017年，“阿荣鲍鱼”被中国烹饪协会评为中国名菜，2021年，“阿荣鲍鱼”被广东省餐饮服务行业协会授予“粤菜名品”称号。1997年，第四届潮汕美食节振海食府荣获“十佳美食之家”，蔡振荣本人荣获“十佳潮菜厨师”；2002年，振海食府荣获中国烹饪协会第四届中国汕头国际食品博览会授予的“潮汕美食”优秀奖和“风味美食”优秀奖；2003年，振海食府创作的“香炸石榴鸡”“佃鱼煎蚝烙”获中国烹饪协会颁发“中华名小吃”认定证书；2015年，振海食府被广东烹饪协会潮菜专业委员会授予“潮菜养生成就奖”；2017年，振海食府被广东烹饪协会特授予广东烹饪协会成立30周年特别荣誉之“金纽带奖”“30年成就奖”；2018年，蔡振荣被授予广东餐饮40年特别贡献人物；2019年，蔡振荣被授予“中国潮菜之乡”功勋人物；2021年，蔡振荣被授予广东省“粤菜师傅”五星名厨称号。

建业酒家

建业酒家位于汕头市凤凰山路10号恒辉大厦，1994 年创立，是汕头市非物质文化遗产卤鹅制作技艺（汕头）保护传承基地，汕头市非物质文化遗产鱼胶干制技艺保护传承基地，2010年被评定为“广东省著名商标”。

建业酒家自创立以来，致力于潮菜文化推广及自身品牌构建，拥有建业潮菜、建业家味、建业堂、喜喆等诸多品牌。

建业酒家一直坚持对潮菜烹饪技艺的传承和创新，所创的“潮庭”菜系，讲究精、巧、奇、美、香、韵，注重品相、品质、品味、品位，既保留潮菜的传统风味，又延伸了时尚美食的视觉享受，从2019年起连续5年蝉联“黑珍珠餐厅”殊荣。

黑珍珠餐厅（建业酒家供图）

汕头老字号（建业酒家供图）

最受欢迎餐厅（建业酒家供图）

建业酒家创始人——纪瑞喜大师（建业酒家供图）

建业酒家曾先后在上海、昆明、西安等地开设连锁分店，多次为海内外政要、商贾提供服务，给宾客留下了美好的印象，对潮菜文化的推广作出了积极的贡献。

建业酒家创始人、主理人纪瑞喜，是省级非物质文化遗产潮菜传承人、市级非物质文化遗产卤鹅制作技艺（汕头）传承人，市级非物质文化遗产鱼胶干制技艺传承人。

建业酒家（建业酒家供图）

老陈皮燕窝

卤鹅八珍

姜汁年糕

香柠花胶

建业虾枣

月眉湾酒楼

月眉湾酒楼是汕头餐饮界的老字号，是中华餐饮名店，汕头美食之家创，以出品潮式点心著名，经营潮菜、粤式点心、小食、饼食。

1991年，中山公园月眉桥诞生了月眉湾菜馆，2001年迁移到海滨路，更名月眉湾酒楼，经营的时间从早茶、午餐、晚餐到夜市，全天候营业。2017年月眉湾迁移到金湖路金紫天街。

20多年前，月眉湾酒楼把本地小吃糕粿创新改良为铁板糕粿，深受消费者喜欢，2018年，汕头电视台专题采访报道月眉湾酒楼制作的铁板糕粿。2018年腾讯举办的美食风云榜，月眉湾酒楼的“铁板糕粿”获得冠军。2019年，汕头电视台专题采访报道月眉湾酒楼郭丽文大师制作的腐乳饼。同年，汕头宣传部指定影视公司拍摄郭大师制作酥饺视频，该视频后投放到“学习强国”平台。

最早的月眉桥畔的月眉湾菜馆（月眉湾酒楼供图）

郭丽文是潮汕地区唯一一位女性国家级点心技师，现为汕头市月眉湾酒楼总经理，曾获“全国餐饮业管理成就奖”。郭丽文担任过汕头市餐饮业协会常务副会长十几年，任汕头餐协潮菜名厨委技术指导主任专家，获汕头餐协20周年“终身成就奖”。

总经理郭丽文大师（月眉湾酒楼供图）

月眉湾荣获中华餐饮名店称号（月眉湾酒楼供图）

月眉湾天鹅酥

腊肠羔烧芋

菠萝鸡球

新晶合酒楼

新晶合酒楼（南天店）位于汕头市濠江区府前路28号。梁志鸿是百年老字号“达濠晶合”的第四代传人，从事家族的餐饮厨业已30余年。1995年他独资经营起晶合酒楼，实际上人们通常把位于达西路17号的晶合酒楼称为老晶合，把位于府前路南天大厦的叫新晶合。

达濠是汕头著名渔港，自古以来，先民对海鲜的烹制技艺多有创造创新，演绎出一系列具有“达濠”本土特色的鱼丸、墨鱼丸、鱼饭、鱼册、墨鱼卵粿等海鲜美食。

新晶合酒楼（韩荣华摄）

墨鱼卵粿

鸡油蒸本港龙虾

梁志鸿对墨鱼卵粿的技艺潜心研究，在遵古法的基础上实行计量标准，使该酒楼做出的墨鱼卵粿荣获“中华名小吃”等多项荣誉。2019年，他起草《墨鱼卵粿（墨斗蛋粿）加工技术规范》的团体标准。

2003年，酒楼以特色菜品姜薯桃和墨斗蛋粿荣获“广东名小吃”“中华名小吃”称号；2004年获汕头市餐饮业协会颁布的“汕头餐饮名店”称号；2011年获得了广东烹饪协会颁布的“广东餐饮名店”称号；2017年成为汕头市濠江区鱼丸与餐饮协会认证的“监事单位”；2019年传承人梁志鸿获选汕头市餐饮业协会颁布的“第四届理事会理事”；2020年获得了汕头市餐饮业协会颁布的“钻石名店”的称号；2020年获得了文化广电旅游体育局颁布的“达濠古城老字号”称号；2020年传承人梁志鸿获得了汕头市餐饮业协会颁布的“餐饮卓越贡献企业家”称号；2021年获得了汕头市餐饮业协会认证的“文明诚信示范餐厅”称号；2022年获得了汕头市预制菜产业联合会认证的“会员单位”。

汕头国瑞豪生大酒店

汕头国瑞豪生大酒店坐落于具有“玩具之都”美誉的澄海区文冠路与324国道交会处以西，地处商业旺地，与区政府毗邻而居，交通极其便利。酒店于2018年10月开业，由国瑞置业有限公司全额投资，美国温德姆旗下大中华豪生国际酒店集团管理，占地37.2亩（24800平方米），建筑面积约8万平方米，配有两层地下停车场，可停车位400个。

酒店主体建筑为东西两楼，中间以首层大堂相连。东楼为原澄海花园酒店，按国家旅游星级饭店四星级标准翻新改造而成，拥有各类精致客房264间以及宴会厅、多功能会议室、中餐包间等，环境舒适，配套完善，适合商旅、会务及旅游宾客；西楼按国际联号五星级标准新建而成，装修时尚典雅，品位不凡，拥有各类豪华高端客房及无障碍客房共152间，1700平方米无柱百席宴会大厅，以及多个不同规格、设备先进的会议室，同时还有健身、泳池等配套设施一应俱全，是商务精英及旅游观光宾客下榻的首选。

汕头国瑞豪生大酒店（汕头国瑞豪生大酒店供图）

豪生阁中餐厅包厢（汕头国瑞豪生大酒店供图）

其中的豪生阁中餐厅，以经典潮菜及新派融合菜品作为主要出品方向，迎合广大食客的需求，并且在政要接待、婚筵寿宴、公司尾牙宴、商务宴请等重要场合收获高度认可及肯定。餐厅经营在追求食材新鲜、卫生安全的同时，还通过传统烹饪技艺向广大食客展现了经典的潮味，并参考西餐出品的精致摆盘，呈现出一道道美食作品，虏获一众对潮汕美食有要求的忠实粉丝。

麒麟东星斑

卤水狮头鹅拼盘

秘制冰皮鸡

牛油果燕窝

酒店接待过泰国前副总理披猜·拉达军、泰国正大集团董事长谢国民先生，举办过强生·东森自然美48周年庆暨新品发布明星千人盛典、广东省心血管病学学术年会暨第六届东南心脏论坛、全国机械协会·马口铁容器制造与应用创新技术研讨会、中国航空信息技术年度机场用户交流活动……

酒店曾获得2018年大中华最佳酒店团队奖、2019年携程酒店战略合作伙伴、2020年携程酒店口碑榜最受欢迎酒店、中国酒店门墩儿奖“2022年度最佳会议酒店”、2022年粤港澳最佳商务会议酒店、2022年粤港澳最佳婚庆婚宴酒店等荣誉。

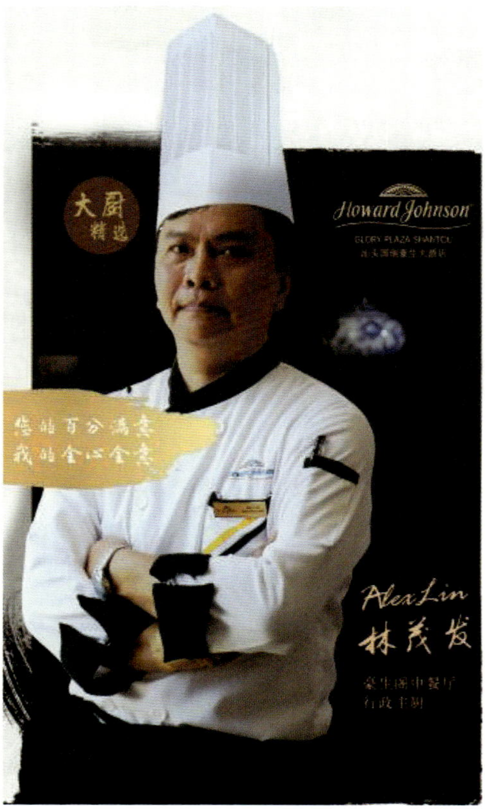

现任行政总厨林茂发（Alex Lin）（汕头国瑞豪生大酒店供图）

裕通国际大酒店

位于汕头市潮阳区新华大道裕通花园西区，是裕通实业控股集团有限公司属下的一家五星级商务酒店，2012年1月正式营业。

酒店拥有一支经验丰富的餐饮团队——潮汕地区第一位获得“南粤厨王”称号、潮菜烹饪高级技师陈伟松及其团队。无论是烹饪技法、菜品创新，还是宴席设计、到会服务，都力求尽善尽美。

裕通国际大酒店（黄素龙供图）

裕通国际大酒店裕膳潮府中餐厅精心烹制出精致的地道潮菜佳肴，为四海潮人乡亲倾力打造一场“胶己人”（潮汕方言“自己人”）的“潮汕美食荟”，特色名菜众多，其中鲍汁焗花胶、橄榄糁煮鱼、木桶紫苏鸡、豆瓣酱火焰牛小排、燕麦银鳕鱼拌菠菜汁等，被授予“广东金牌名菜”称号；果香姜薯糕，被授予“广东金牌名点心”称号。

裕通国际大酒店的工夫茶亦是独具匠心的招牌特色，选取东岩卓锡泉水，配潮汕风炉，用故乡水泡故乡茶。

裕通国际大酒店获评为“中国潮菜之乡标杆企业”。2021年，根据国家《文化主题旅游饭店基本要求与评价》（LB/T 064-2017）标准要求，广东省旅游星级饭店评定委员会批准汕头裕通国际大酒店为“银鼎级”文化主题旅游饭店，是潮汕地区唯一获评的酒店！

荣誉（黄素龙供图）

吊烧 BB 鸭（黄素龙供图）

欣涛度假村

欣涛度假村位于南澳后宅镇海滨路，2010年开业，是由深圳市德业基投资集团有限公司投资改造的标准四星级商务旅游酒店。

酒店潮庭盛宴中餐厅可筵开17席，拥有15间豪华包房。其中南海一号厅，属大型餐饮包房，可容纳30人同时进餐。包房入口处的九龙壁木雕出自名师之手，如九条真龙蜿蜒盘旋，栩栩如生。名厨主理提供高档潮菜、南澳特色食品、生猛海鲜、地方土特产。2015年度被评为“汕头市平安餐饮”。

欣涛度假村（丁学昌供图）

潮州迎宾馆

位于潮州市潮枫路261号，毗邻潮州市委市政府办公大楼。潮州迎宾馆是潮州市委市政府接待基地，创建于1998年，经几度升级，历久弥新。迎宾馆占地面积2.2万平方米，建筑面积2.4万平方米，是一家园林式涉外酒店。

潮州迎宾馆（翁叶瀚供图）

迎宾馆餐厅以烹调“色、味、香、型”俱佳的正宗潮菜见长，其选料考究，制作精细，刀工灵巧，造型优美，具有“清而不淡、鲜而不腥、嫩而不生、郁而不腻”的特色，饮誉海内外，在1999年潮州国际美食节上荣膺“潮州十大名酒店”之首。

安南大酒店

位于潮州市潮安区安南路与潮汕路交会处，1995年落成开业。1999年酒店扩建大楼主体并投入营业。

安南大酒店在2000年潮州美食文化节上荣获“名菜”“名厨”“名酒家”称号。2003年，安南大酒店制作的名小食“潮州旦皇角”“安南冰皮月饼”“特色灌汤包”“绿豆水晶包”“干蒸小米”在参加潮州市小食评比中，被广东省烹饪协会、市工商行政管理局认定为“潮州名小食”，并颁发荣誉牌匾。

2003年8月，酒店被潮州市卫生局评定为“市级食品卫生信誉度A级企业”，被中国烹饪协会评定为“全国绿色餐饮企业”。

安南大酒店（翁叶瀚供图）

麒临阁大酒楼

位于广东省潮州市湘桥区银槐西路100米的潮州麒临阁餐饮管理有限公司，成立于2019年，系一家大型综合性酒楼，设有包厢30多个及两个宴会厅。

麒临厅是目前潮汕地区酒楼中最大的室内宴会厅，可同时容纳128桌宴会接待。

麒临阁大酒楼主打传统潮州菜，招牌菜有生菜龙虾、荷叶鱼翅、八宝素菜、干炸粿肉、云腿护国菜、红炆海参、笫鱼烙、白果芋泥、红桃粿、落汤钱等。

麒临阁大酒楼在传统菜的基础上加以创新，辅助广府菜及淮扬风，开发出冰镇鹅掌、冰皮白切鸡、鸡油萝卜、老香黄叉烧肉、黑松露烧鹅等一系列菜色，为食客打造安全、美味、健康的菜肴，让消费者一站式体验到新时代的潮州饮食文化。

麒临阁大酒楼先后获得“世界美食之都·潮州菜名店”“第三十一届中国厨师节潮州名菜金牌宴席”“潮州菜名店”等荣誉称号，是湾区潮菜标准示范店。

陈成贵，中国烹饪大师、潮州市餐饮协会创会副会长，自小喜欢美食，热爱潮州菜烹饪，是潮州市麒临阁大酒楼创始人。他除了事事亲力亲为外，还严格要求所属厨师秉承“食材讲究、选料广博、做工精细、中西结合、质鲜味美”的制作理念，为麒临阁各界来宾提供“最好的中国料理”。

麒临阁大酒楼（酒店供图）

生菜龙虾

生菜龙虾，是广东潮州地区传统特色名菜，以龙虾为主料，炸制后取肉经刀工处理，配以生菜、鸡蛋、火腿、番茄等，摆上龙虾头、脚、尾，砌成龙虾原形，食时佐以“八味”酱，独具一格。

龙虾品种繁多，在潮州菜中最常用的是花龙、本港龙和红龙等。主料龙虾的最佳选择是花龙，花龙是龙虾中质量最好的一种，身呈淡青色，头胸甲背面均有美丽色彩花纹，主产于惠来、陆丰沿海一带。花龙煠熟后，肉质雪白，十分爽口，鲜美无比，低脂肪，富含蛋白质等多种营养元素。有色泽多彩、造型美观、肉鲜爽口的特点。

生菜龙虾是以潮州菜特有的烹饪技法烹制，与外来的酱料结合而成的佳肴，充分体现出“人有我优”的潮州菜特点。

生菜龙虾

白果芋泥

白糖、猪膀和淀粉的组合，堪称各种美食的“黄金搭档”。潮州的“膀糕”“膀饼”“羔烧芋泥”，就是这个操作的经典。如果说传统节日包含了农耕民族对自然的景仰和对四季的敬畏，那么糕点就是潮州人在传统节日里上飨神明、下赠肚子的礼物。

《水浒》《西游记》都提到了“糕糜”，是煮制而成的粥类食物（如“羔烧芋泥”），不同于唐宋时期“固体”的“糕糜”（如“膀糕”“膀饼”等糕点）。明代以后“糕糜”一词很少出现，但类似的食物依然存在。潮州人延续着“糜文化”和“粿文化”，并从熬糖中提炼了“羔烧”的烹调方法。

在潮州菜甜品制作方法中，最具地方特色的当数“羔烧”，凡淀粉含量高的原料都可羔烧。羔烧是下猪膀、白糖一起烧的方式，几乎就是以厚膀和多糖为最大特点，如制作传统芋泥的比例是“10：7：7（芋：糖：膀）”，堪称甜香的极致。

芋泥的粉糯来自芋头的淀粉，番薯、姜茨、马铃薯、白果、绿豆、乌豆等都可以做成泥，各有风味。当然，芋头的淀粉分子结构更小，淀粉颗粒小，故其更为细腻，被称为胜于“白玉涎”的美味，诗曰：“香似龙涎仍酽白，味如牛乳更全清。”

在芋泥中加入银杏，和合羔烧即为“白果芋泥”，取于孔府的传统大件甜菜“诗礼银杏”，借银杏多果，象征弟子满天下。在潮州食俗中，年夜饭的甜品多为“白果芋泥”，取其“公种孙食”之意，寓意家人长命百岁、子孙相传，有两色相映、爽润均有的特点。

白果芋泥

荷叶翅

第鱼烙

老香黄叉烧肉

鸡油萝卜

脆皮白切鸡

龙虾饭

海龙酒家

位于饶平县黄冈大道西1号，占地面积约7500平方米，1993年开业。

酒家特聘名厨主理，潮菜特级大师精心研制的潮式腊肠、海龙猪肉脯、广东金牌鲍鱼粽等产品获评“潮州十大名小吃”“潮州市科技进步奖”“广东岭南特色食品”“中华名小吃”，以及广东烹饪协会成立30周年特别荣誉之“20年美食荣誉奖”称号。

海龙酒家研发的潮菜海龙虾饼、鲜竹筒炖乳鸽、鲜竹筒炖花跳鱼、龙果燕窝、金盅焗大连鲍、鲜沙参炖鱼翅、荷叶脆皮红豆海参、海龙鲍鱼粽、四状元煲、雀巢海中宝等分别在不同年度获得“广东名菜”“名小吃”“潮州十大名菜”“潮州十大名小吃”称号。

海龙酒家（海龙酒家供图）

荣誉（海龙酒家供图）

海龙酒家被评为“中国潮菜金牌企业”“广东省餐饮名优企业”“粤菜名店”“潮州老字号”“潮州菜名店”“潮州十大美食名店”“潮州十大名酒家”“潮州菜团体标准联盟单位”，目前是广东烹饪协会潮菜专业委员会荣誉理事长单位。

2018年，海龙酒家获得广东省餐饮行业改革开放40周年特别荣誉“优秀餐饮品牌”；2019年，获评中华人民共和国成立70周年广东餐饮行业“卓越贡献企业”；2021年度获得“广东烹饪协会优秀会员·积极推动粤菜师傅工程贡献奖”；2022年参加第31届中国厨师节“乡村振兴”宴席展，被中国烹饪协会评为“金牌宴席”。

聚贤园迎宾馆

位于饶平县城黄冈镇黄冈大道288号，总占地面积8800平方米，其中建筑面积4867平方米，是一家集餐饮、住宿、技术培训为一体的三星级酒店。餐饮区有宴会大厅、中餐厅、早餐厅各1个，豪华包厢6间，可同时容纳688人就餐。

酒楼由中国烹饪大师徐烈雄主理，中式烹调师潮菜名厨詹世钦等掌厨。金牌名菜有荷包鸽翅、鱼米之香、布袋燕窝、家乡面饼、海鲵竹生鱼、柘林鱼丸、土猪肉包、香煎西瓜烙、海鲵蒸陈年菜脯、古法蒸鱼等。

酒楼荣获“卓越贡献企业”“食品安全A级企业”等称号，连续14年取得“广东省守合同生信用企业”等荣誉。

聚贤园迎宾馆大厅（酒楼供图）

海胜茗苑酒楼

位于饶平县黄冈镇城西新力路，2003年创立，是中国烹饪大师徐潮由设计创建。酒楼经营面积为2000平方米，分4层楼，有一个可容纳300人的宴会厅和16个包房，全楼可容纳500人就餐，环境优雅古朴。

酒楼以发扬创新古香古色传统名菜名小食为己任，以本地海产品为主要食材，乡土古法制作传统菜肴，彰显地地道道潮菜风味特色。

酒楼由中国烹饪大师徐潮由主理，高级技师潮菜名厨陈卫民、技师陈晓群等掌厨。金牌名菜有红烧大排翅、红烧响螺、海胜鲜虾饼、家乡杂鱼饭、龙虾枇杷盅、炆玉枕白菜等。其中，红烧响螺、烧白汁鲳鱼、木瓜燕窝、上汤辽参荣获“广东金牌名菜”称号；蚝油焗活鲍荣获“广东名菜”称号；红烧大排翅荣获“潮州名菜”称号。

广东金牌名菜——红烧响螺（酒店供图）

经过多年打拼，酒楼赢得顾客的好评，先后荣获“广东餐饮特色名店”“潮州名食店”等荣誉。

德兴美食

首店于1993年由谢德鸿先生创办于揭阳古城进贤门附近。当年为揭阳首家主营燕翅鲍的高端酒家，广受当地人的关注与好评，揭阳电视台多次到店进行采访和宣传。为扩大经营范围，于1997年迁至榕城区榕华大道南段，同时在揭东区金一街路口开设分店至今。对于土生土长的揭阳人来说，“德兴味”是刻在记忆中的专属味道，在揭阳人心目中的地位无与伦比。

德兴美食（本店供图）

30余年餐饮之路，谢德鸿先生致力于追寻食之真味，把主要精力投入在菜品研发和顾客体验上。揭东店延续了首店的主营菜品，并在其基础上增加了药膳炖品和各式潮汕传统特色小吃。点菜方式别具一格，菜单上只有主菜，如炭烧鲍鱼、霍斛炖海参、霍斛炖花胶等。厨房根据当天的小吃菜单赠送小吃。小吃包含了各式特色美食，其中的招牌德兴包、落汤钱、潮汕粿肉、潮汕菜粿等尤有特色。

采用全包厢模式让用餐体验有一定私密性。包厢除了采用古风装潢外还陈设了大量的古董藏品。

炭烧鲍鱼

潮汕粿肉

招牌德兴包

落汤钱

霍斛炖花胶

潮汕菜粿

特美思大酒店

位于揭阳市东山区马牙路与建阳路交会处，1996年开业。酒店主楼高22层，副楼高6层，总建筑面积2.7万平方米。

2000年4月，揭阳特美思酒店被评定为国际四星级酒店。

2006年6月由港资集团收购，成为揭阳市首家大型外资酒店。中餐配置大中型宴会厅、豪华包厢，特聘名厨主理，荟萃潮粤菜式及精美点心。

特美思大酒店（杨少萍供图）

榕江大酒店

位于揭阳市榕城区临江北路41号，揭阳市政府西侧，是揭阳唯一的五星级酒店。酒店主楼高28层，占地面积12500平方米，建筑面积38190平方米，共有客房总数338间及各种完善的配套设施。

榕江大酒店（杨少萍供图）

1998年3月8日，榕江大酒店裙楼开业。2005年10月22日，酒店主楼正式开业。2007年12月11日，经原国家旅游局审评，荣膺五星级酒店殊荣，并正式五星挂牌。2009年10月，酒店加入世界金钥匙酒店联盟。2012年至2016年榕江大酒店翻新改造，硬件竞争力得到进一步提升。

榕江大酒店主要经营潮菜、西餐等。名菜有榕江虾皇、蚝香澳鲍、南非干鲍、鲜炖燕窝、黄金烧卖、豉汁凤爪、酱香金钱肚、黑椒牛仔骨、爆浆猪仔包等。

榕江大酒店接待国内外住宿数十万次，境外住客来自中国港澳台和其他110个国家及地区，共数万人次。

碧辉园酒店

位于普宁市广汕公路大华溪路段，成立于2004年5月，建筑面积6万余平方米，由高15层的贵宾楼和多座裙楼组成。酒店由广东碧辉园酒店投资管理有限公司投资管理，集客房、餐饮、宴会、娱乐、康乐、商务、会议等功能于一体，是凝聚欧洲经典与中国园林风格的会务型健康睡眠文化主题酒店。

碧辉园酒店（吴忠文供图）

碧辉园酒店中的潮堂中餐厅位于酒店贵宾楼2楼，总面积400平方米，以潮菜为主，可容纳400人同时就餐。

第二章

潮菜天下：寻味四方名店

内地潮菜名店

广州名店

潮汕人到广州创业发展历史悠久。清代潮汕商人的红头船循环贸易在广州等南方口岸地区得到较大发展。清乾隆二十五年（1760年），潮汕商人在广州十三行设福潮行，确立了红头船商人在广州口岸南北行贸易中的地位。清代汕头沟南许地许氏移居广州高第街，创业兴商。

改革开放后，潮汕人纷纷勇闯广州大都市，从事各行各业，当中就包括餐饮业。这些餐饮人也不遗余力地把广州菜带回潮汕，加强潮菜与广州菜的交流融合，使得“吃在广州，味在潮州”更加精彩纷呈，深入人心，大大推动粤菜的发展繁荣。

金成潮州酒楼

广东金成投资集团有限公司属下有3家金成潮州酒楼，分别是客村总店、新滘店与黄埔大道店。

1990年9月，生于广东普宁的罗钦盛先生开始创业，创建金成饭店，地址位于现广州大道南三和大厦，初建时采用石棉瓦搭建，只有大小7张台，用水只能靠人力挑，罗钦盛先生起早摸黑，凡事亲力亲为，一人包办食材采购、加工烹饪、端盘洗碗、挑水扫地等工作。凭借味美价优的出品，金成饭店一炮打响，生意蒸蒸日上，吸引许多街坊顾客的光临。1992

年，金成饭店因政府征地，被迫中断营业。

1992年8月，广东第二师范学院招待所楼上新雅餐厅对外招租，罗钦盛先生依靠经营金成饭店的积蓄，加上亲朋好友的帮助，仅用3天时间就完成了承租和开店，金成潮州酒楼（客村总店）成立。后经过多次拓展，面积达到6000平方米，拥有包房50余间及2个容纳300人用餐的宴会厅。

客村总店（酒店供图）

新滘店（酒店供图）

2003年2月，广州抗击“非典”时期，全城萧条，人人自危。公司全体员工在董事长带领下，勠力同心，每天坚持做好场地消毒和健康检查，并在广州首家推出“分餐制”用餐、倡导客户使用“公羹公筷”，将安全卫生的用餐理念传达给客户，建立了客户对金成的信心，生意很快就得到了恢复，公司渡过了第一次生存难关。

2004年4月，金成潮州酒楼首次参加第95届广交会供餐服务，统一的品牌形象、年轻活力的团队、干净整齐的制服、新鲜优质的食材、实惠经济的价格，令金成潮州酒楼在场馆内一炮打响知名度，得到了海内外食客及上级领导的高度认可。至2023年，金成不间断服务广交会超过40届，是场馆内美誉度最高、历史最悠久的供餐单位。

2004年8月，金成管理公司成立，罗钦盛先生任董事长，金成集团完成原始积累，正式走向规范化管理、连锁经营的品牌之路。金成在广州市率先引进“智能点菜系统”，开启潮菜标准化体系建设，形成了集食材供应链、进销存管理、人力资源管理、客户管理、运营管理等系统为一体的智能管理体系。

2010年11月，金成潮州酒楼成为第16届广州亚运会开闭幕式指定供餐单位。供餐结束后，金成潮州酒楼因表现突出，被指定为首届亚残会唯一供餐单位。

2017年12月，金成潮州酒楼承接花都区张府“别墅王”乔迁“私厨上门”服务，面对客户“高要求、高规格、高质量”的指示，金成团队迅速响应，做好菜单设计、场地布置、人员组织、物料准备、生产服务、物流配送等一系列流程，制定详尽完善的供餐方案。乔迁当日，宴开100席，服务人员、厨师团队达200名，超预期完成接待工作，得到业主高度认可，是金成“私厨上门”的成功案例之一。

2018年8月，金成潮菜博物馆（新滘店）正式对外开放，广州市金成潮菜博物馆是金成集团董事长罗钦盛先生创办的全国首家潮菜文化饮食类博物馆，是金成集团深耕广州潮菜30余年，弘扬潮菜美食文化的餐饮品牌。2020年8月，金成潮菜博物馆（黄埔大道店）成立。

2023年6月，金成潮菜学院成立，金成集团通过校企合作的模式，打造培育新一代潮菜师傅的平台，致力于全面提升潮菜师傅技能，弘扬潮菜文化。

金成潮州酒楼创始人罗钦盛先生曾任广东潮菜文化研究会会长、广东潮人海外联谊会潮菜研究会常务副会长、广东省烹饪协会理事、韩山师范学院客座教授。先后获得“全国餐饮经营管理专家委员”“广东餐饮三十年杰出企业家”“粤港澳名厨”“影响中国粤菜100人”“中华粤菜产业发展行业贡献人物”等荣誉称号。

酒楼名菜主要是澄海老鹅头、惠来隆江猪手、原只卤水鹅掌、汕头蚝仔烙、豆酱煮沙尖鱼、汕头顶级牛肉丸汤、生腌血蛤、普宁炸豆腐、潮州韭菜粿等。

潮式红烧翅

潮汕宴席经典名菜之一。金成坚持以传统的做法，精选良品鱼翅，浸入老鸡、火腿等多种珍品食材吊味的高汤，焖炖数小时，凸显鱼翅滑糯口感。上桌时用明炉汤盅保持温度，汤色莹如琥珀，味道柔糯腴滑，郁而不腻。

潮式红烧翅

原只卤水鹅掌

甄选“世界鹅王”澄海狮头鹅特调卤制，曾获评“十大经典粤菜”。取上等狮头鹅厚实肉掌，浸润于20来种中药材特调卤水，以独特卤制手法卤成鹅掌色泽红亮，香卤入味，口感劲道，鹅掌形态舒张，色泽红亮，坊间称为“金龙五爪”，是金成独有的鹅掌风格。

原只卤水鹅

金成粗麦包

金成热销30年的招牌点心，曾获评“中国金牌潮菜”。用传统老面发酵，造型蓬松，口感湿润柔软不粘牙，味道清香可口，保持了原生态的小麦香味，是各种包点无可比拟的潮汕民间好面点。

金成潮州酒楼（客村总店）先后获得各种荣誉。2006年荣获“国家五钻级酒家”称号；2008年获评“广东餐饮三十年·年度杰出餐饮企业”；2010年获评“中国潮菜名店”和“亚运推荐潮菜代表企业”；2012年获评“第111届广交会优秀餐饮服务单位”；2019年获评“改革开放40年广州优秀餐饮品牌企业”；2021年，在广州市寻找“粤菜师傅名品名店名厨”活动中金成潮州酒楼荣获“十大人气名店”称号，菜品获评“十大经典粤菜”。

中国潮菜名店（金成潮州酒楼供图）

国家五钻级酒家（金成潮州酒楼供图）

好酒好蔡工作室

位于广州市天河区花城大道98号尚东柏悦府2楼。由著名美食家、酒评人蔡昊先生经营主理的私房菜馆，主打以精细潮菜为基础的高端私人定制中式料理。好酒好蔡工作室的访客名单堪称星光熠熠，梁朝伟、周润发、陈奕迅、刘嘉玲、贝克汉姆等明星大腕都曾光顾。

蔡昊先生出身潮汕世家，在美食界享有很高的知名度，曾获法国美食协会蓝带勋章、苏格兰威士忌行业协会“双耳杯执杯者”等称号，目前担任汕头市潮菜研究会顾问、CCTV科教频道“味道”节目顾问。好酒好蔡工作室被携程美食林评为广州市内唯一的一家三星餐厅，并入选携程美食林2017全球旅行餐厅精选榜，同时还连续两年入选高端饮食杂志《美食与美酒》“50 best”中国最佳餐厅；奢华生活方式消费指南杂志*TARGET*亦将其评选为2015年度推荐中餐厅、2016年度最佳中餐厅。

好酒好蔡工作室不设点菜环节，餐厅根据时令四序、是日食材和客人喜好拟定菜式，出品多为创新菜，但潮式风格浓厚，食材甄选以新鲜质优为先，强调精烹细饪。一般而言，每桌宴席分为前菜、头盘、主角、配角、主食、甜品及配茶7个流程，约共10道菜，按照顺序依次上桌。前菜为暖胃汤及小菜三味，头盘常为一口鲜，头盘之后为主角两道，其经典招牌主角为脆皮婆参，另一道主角多为汤品，如清汤螺片、清汤鲍片、黄皮炖乌鸡等，配角如头抽浸海上鲜、36个月老鹅头、香煎银蚝、精炖番薯叶等，配角之后为主食一道，一般为酸辣面、花胶捞饭、鹅油饭等。甜品如牛油果官燕，席末以配茶收尾，选用的是潮州双髻娘山特级单丛，茶汤纯正，香气浓烈。

好酒好蔡工作室环境幽静淡雅、柔美精致，内部装潢传统与现代并存。目前仅有6间客房，分别以“乐”“画”“玉”“瓷”“香”“茗”为主题，小房间可容纳2至4人，最大的房间可容纳10至12人。

脆皮婆参

选用优质厚身猪婆参为主料，参体由矿泉水流水泡发，以高汤煨炖，肉厚实绵稠，胶质软糯，而参皮则焦脆干爽，口感层次丰富，味觉立体丰腴。

牛油果官燕

牛油果加海盐打碎垫底，上陈优等官燕，顶端再撒潮式梅粉吊味，整体观感清新悦目，口味清爽甘甜，口感细腻绵长，颇为惊艳。

一口鲜

宴席的头盘，选取新鲜九肚鱼拆骨泡炸，外酥里嫩，搭配潮汕特有的蘸酱金橘油佐食，香甜可口，鲜味抓舌。

酸辣面

主食中匠心独具的精品，是餐厅的得意之作。酸辣面的面条口感筋道，而酸辣汤底由泡浸汕头米醋45天的指天椒配制而成，调味相当出彩。

生腌虾蛄

生腌菜的代表，肉质活络鲜甜，虾膏肥美，腌料调配也很出色，不过这道菜需根据时令拟定。

炖番薯叶

这道菜是典型的潮汕菜肴，选用番薯叶叶芯至嫩的部分，高汤精工炖煮，风味浓郁，可谓粗菜细做的代表。

其他菜品有暖胃汤、脆皮猪手、头抽浸海上鲜、生腌蟹、3年老鹅头、酸辣翅、清汤螺片、紫菜蟹饼、香煎银蚝、年糕炒牛肉等。

六合茶居

六合茶居有临江大道店和马场潭村店。六合茶居（临江大道店）位于广州市天河区员村二横路21号，六合茶居（马场潭村店）位于广州市天河区花城大道767号珠光壹坊。

六合茶居于2001年创立，是珠江新城最早创立的潮菜食府之一，坐落于珠江边的一幢仿木结构小楼上，一线临江，与琶洲隔江相望，可谓占尽天时地利。

潮式卤水是六合茶居招牌菜，以老鹅头为第一等，六合茶居是第一批将这道菜式引入广州的酒楼之一。芥蓝菜脯炒粿条、螺肉头炖青榄、普宁豆腐、冻红蟹，特色粥品如肉碎蚝仔粥、鱼翅砂锅粥、燕窝砂锅粥等，其中鱼翅砂锅粥、燕窝砂锅粥、鸽吞燕等都是六合居的主打潮菜。

六合茶居曾先后摘得“广州百佳餐饮企业”“十大明星餐饮企业”“十大金质品牌企业”等荣誉头衔，多次被《羊城晚报》评选为年度“最受欢迎潮汕食府”和“最受欢迎潮菜名店”，在广州饮食界美誉度极高。

老鹅头

潮汕卤味中的极品，六合茶居的老鹅头出品水准堪称顶尖，鹅冠、两颊及下颌处肉瘤饱满，胶质居多，口感丰厚胶韧，滋味相当纯正，脂香馥郁。

鸽吞燕

这道菜需将乳鸽整副骨架取出而不伤鸽身皮肉，再将精选上等官燕塞入乳鸽腹中，放入高汤中精细慢炖而成。成品卖相相当清丽，鸽身细嫩无骨，轻轻剖开鸽腹，其内可见燕窝包含汤汁，汤鲜味美，入口细腻。

六合家宴食府

位于广州市天河区华夏路13号南岳大厦3至4层。

2010年由六合茶居起家的六合餐饮斥巨资打造的六合家宴食府，经营面积7000多平方米，延续了六合茶居的高端定位，整体环境大气豪华，以红色、金色为主色调，奢华贵气又精致内敛，融入潮汕元素的空间隔断、细节装饰。

六合家宴的菜品涵盖燕翅参鲍、冻鱼海鲜、各式小炒小吃等，品类较为齐全，比如明炉烧响螺、酥炸百花胶、豆干拼粿肉、双丸白菜煲、牛肉丸、鱼丸等。

六合家宴在大厅入口旁设有卤味明档，老鹅头及现卤整鹅均在档口展示。除此之外还陈列汕头本港冰鲜杂鱼及潮汕本土蔬果等，每日取自潮汕本地，以保留潮菜的地道风味。

六合家宴以各式潮州粗细菜肴见长，尤其强调粗料细做，曾获评羊城晚报“广东餐饮十大品牌形象店”“十大婚宴名店”称号，广州日报《美食导报》“广东餐饮品牌榜30强”称号，其卤水老鹅头亦被评为“广州地标美食”。

老鹅头

六合家宴的老鹅头由汕头老店供货，每天清晨运抵广州，新鲜度有保证。鹅头出品非常正宗，卤香浓郁，滋味入骨，口感胶韧扎实。

明炉烧响螺

经典的潮菜古法，堪称潮州菜中的顶级菜肴。响螺在红泥风炉上连壳炭烧，需要有经验的师傅全程掌握火候。响螺烧毕，将螺肉片开装盘，切片厚实，鲜美柔嫩，风味独特。

酥炸百花胶

新鲜墨鱼、虾肉、马蹄等打为细蓉制成胶状，再切段油炸，外表金黄内里洁白，入口松脆咸鲜，咬之则弹牙脆甜，口感颇为惊艳。

其他推荐菜品有大麦辽参、双丸白菜煲、豆干拼粿肉、潮式冻鱼等。

潮皇食府

位于广州林和西路1号广州国际贸易中心20层，是广州市内最老牌、最具影响力的潮菜食府之一。由广东首批外资企业之一的侨鑫集团投资，其总店于1999年底开张。目前在广州拥有国贸总店、侨鑫国际店和亚太店，侨鑫国际店位于天河区金穗路62号侨鑫国际F39层，亚太店位于天河区汇景南路与汇景中路交叉口。

林和西路国贸总店有大小包房24间，最大包房可容纳30人的宴席，大厅可同时容纳120人就餐。环境古朴典雅，有庭院式景观鱼池，厅堂大气奢华，随处可见潮雕、金漆、潮绣、潮州陶瓷等潮汕文化元素，潮皇厅中央的潮绣“九龙壁”则与金箔天花交相辉映，堪称富丽堂皇。

金汤蟹黄翅是潮皇食府一道推崇十数年的经典菜式，堪称潮皇的金字招牌，2010年这道菜获得了“亚运推荐潮菜名菜”的荣誉称号。卤水拼盘香浓醇厚，其中鹅翅和鹅掌最为出色。还有黑豆腐煲、凉拌茼蒿、豆酱炒麻叶、蚝烙、炒粿条、潮州春菜、潮汕面线等地道潮菜。

潮皇食府是广州市内最早一批获得“‘五钻’国家特级酒家”评级的少数高档食肆之一，曾先后荣膺“中国饭店业十佳餐饮企业”“广州百佳餐饮企业”“广东省著名商标”等荣誉称号，在广州享有“潮菜至尊”的美誉。

卤水拼盘

卤水拼盘香浓醇厚，其中鹅翅和鹅掌口感胶韧扎实，卤味纯正，咸淡适中。鹅肝采用传统的潮汕肥肝做法制成，肥美丰腴，入口嫩滑。

金汤蟹黄翅

潮皇食府的招牌菜式之一，蟹黄醇美鲜香，蟹肉细腻温润，与上好五羊翅或者海虎翅搭配，翅针圆润饱满，细滑胶口，风味浓郁。

凉拌茼蒿

选用潮皇食府自家农场所出产的有机茼蒿，嫩滑无渣，青翠爽口，调味鲜香，虽是一道看似不起眼的小菜，但特色鲜明。

其他推荐菜品有蚝仔烙、鱼翅捞饭、双丸浸时蔬等。

海门鱼仔店

广州

燕岭店	地址：天河区燕岭路120号金燕大厦1—2楼
珠江道店	地址：天河区猎德大道珠江道商业广场102铺
东圃店	地址：天河区中山大道中358号东溪大厦
天河北店	地址：天河区天河北路ICC环贸天地L5—501铺
兴盛路店	地址：天河区兴盛路6号君茂广场201铺
农信店	地址：天河区黄埔大道西638号农信大厦2楼
黄花岗店	地址：越秀区先烈中路80号汇华商贸大厦4楼
海港城店	地址：越秀区白云街沿江东路418海港城2楼
五羊新城店	地址：越秀区寺右新马路168号3楼
百信店	地址：白云区机场路1399百信广场西区G层—013铺

深圳

COCOPark店　　地址：福田区星河COCOPark购物广场L3C-020铺

KKMALL店　　地址：罗湖区深南东路京基百纳KKMALL四层L401B铺

前海壹方城店　　地址：宝安区保安中心前海壹方城L4层042铺

海门鱼仔店（本店供图）

海门鱼仔始创于2007年，由潮菜名师孙耿创办，源于让更多人吃到正宗的潮汕味道的初心，创办至今坚持选用潮汕地道食材，以“鲜”字为灵魂，食材每天从汕头海门运来，保证新鲜。以传统潮汕菜式为基础，不断创新，用地道的潮菜烹饪手法打造每一道菜肴。秉承“地道潮汕菜，样样都新鲜”的理念，致力于发展潮菜文化。

海门鱼仔店不同于大多数潮菜酒楼的“高端”“昂贵”，海门鱼仔店是以接地气的大排档式经营异军突起，并以稳定的出品质量赢得优异的大众口碑和火爆的人气。自第一家店面在燕岭开业以来，海门鱼仔店发展迅速，在广州拥有多家分店。

海门鱼仔店采用了典型潮汕大排档的点菜模式，海鲜、鱼饭、罐汤、卤水等所有食材明档摆放，厨房开放可见，不设菜单，顾客落座开位后即可到档前点菜。在鱼仔店档口可见琳琅满目的潮汕浅海特色鱼种，红带、鹦哥、迪仔、沙尖、狗母、白鲳等应有尽有。

海门鱼仔的出品传统朴素，根据杂鱼的肉质特点因材施法，口味清淡鲜甜，极具潮式风格。生腌也是特色之一，例如生腌虾蛄、生腌虾、生腌冬蠘等，潮式铁板烧、鲽脯炒芥蓝、白萝卜炒饭、香煎鹦哥鱼等传统潮菜在铁板上惊艳亮相。除海鲜外，还有蚝烙、卤水、粿品、时令贝类小炒、苦瓜煲、糕烧双色、麻叶等传统潮汕菜。

海门鱼仔创始人、主理人、主厨孙耿出生于揭阳市渔湖镇，广东财经大学烹饪专业毕业，担任广东潮菜协会副会长、广东省粤菜产业发展促进会潮菜创新研发中心副主任，被评为“广东餐

孙耿

饮四十年杰出总厨”。

出品总监许盛波从事餐饮20多年期间，研发出招牌含花甲、澳洲卤水鲍鱼，荣获亚洲地标美食奖；先后荣获潮菜高级技师、广东粤菜大师、米其林餐厅大厨等称号。

许盛波

招牌菜单

凉拌花甲

采用冰镇熟腌的料理方式，将花甲过水白灼，随后将其冰镇以保留水分，再按生腌的方式处理，花甲新鲜、入味，调味出色，可以说是必点菜式。

卤水拼盘

卤肠嚼劲十足，猪耳朵嫩脆爽口，卤花肉鲜香肥美，卤水配上醋汁鲜美解腻。

鲽脯炒芥蓝

芥蓝叶嫩爽口，颜色鲜亮，鲽脯增添风味。

其他推荐菜品有海草手工丸、香煎蚝烙、卤鹅肝、韭菜粿、金不换炒薄壳、炒大头、白灼花螺等。

潮府

潮府位于珠江新城华成路1号星汇云锦4层。潮府（番禺店）位于广州市番禺大道北172号；潮府·宴会厅（番禺店）位于广州市大石街道南大路172号。

2010年，潮府作为广东官方唯一粤菜代表进驻上海世博会；2012年，潮府以中国饮食唯一代表的身份参展韩国丽水世博会。潮府是近年来广东潮商会年会的定点酒家，2016年广东潮商会在番禺潮府筵开128席，大摆潮汕八仙桌"做桌"宴会，气派非凡。

潮府的出品多古朴传统，少有花哨之作。冻红蟹、冰皮白切鸡是店内招牌菜，金针木耳牛肉丸煲、沙茶芥蓝炒牛肉、杂鱼鼎都是传统潮菜做法，牛肉丸、沙茶酱、芥蓝及各色杂鱼等食材都取自潮汕本土。

冻红蟹

潮式打冷的经典菜式之一，潮府的蟹个大饱满，拆出蟹肉即食，条缕绵实，肉质细腻清甜，相当出彩。

冰皮白切鸡

一道粤菜食府常见的宴席菜，也是潮府的店内招牌。潮府的冰皮白切鸡鸡肉结实有味，皮薄光滑，口感扎实，味道鲜甜。

其他推荐菜品有潮式四喜拼盘、烤咸虾、卤水鹅肝、红桃粿、荷兰薯粿、绿茶香杧薄撑等。

庞派（T.I.T智慧园店）

庞派（T.I.T智慧园店）位于天河区员村西街2号大院11号1001房，总面积1500平方米，有8间包厢及6间茶室，是广东海润发展集团有限公司属下一家极具发展活力和前景的新型集团化企业。其以潮语“滂沛”为谐音，主要推广精细潮州菜。

“庞派”潮菜私厨餐厅（周克胜供图）

庞派致力于潮州菜饮食文化之弘扬发展，秉承“品味潮菜，自在庞派”经营理念，以潮汕饮食文化为骨，以打造古今融合食肆为脉，以守正创新为魂，缔塑一处能够代表新时代潮州菜的胜景。

庞派倾心炮制菜谱，囊括汤品、打冷、卤水、生腌、热炒、点心等八大类目，同时依循潮州菜饮食文化，顺应节气变换，精选时令鲜品，奉上道地独家的私房菜式，让客人畅享饕餮盛宴。

“庞派”潮菜私厨菜品（周克胜供图）

稻道鲜·泮江酒家

稻道鲜品牌创立于2004年，旗下拥有三大门店，分别是广州的“稻道鲜·泮江酒家”，北京的“稻道鲜·御园酒家”以及“稻道鲜·粤鲜粤好”。“稻道鲜”这个品牌名字代表了企业的经营理念：“稻”代表绿色健康的食材；“道”寓意餐饮企业的经营必须要讲道德，求公道，凭良心；“鲜”意味着新鲜味美，企业坚持追求新鲜美味的佳肴。

稻道鲜成立30多年，从一个街边小店发展成为知名的餐饮企业品牌，30多年的深耕细作才成就知名企业的成果。企业出品由广东餐饮杰出总厨、中国烹饪大师、高级技师杨楚雄主理，杨楚雄总厨曾获国内多项荣誉证书。

广州稻道鲜·泮江酒家成立于2007年6月，坐落于广州天河珠江新城临江大道。在美丽的珠江边，环境优美，空气清新。泮江酒家凭借精品潮菜、创新粤菜，崇尚养生健康理念及优质服务，打造出“稻道鲜”品牌效应，在珠江新城餐饮行业中独树一帜。

泮江酒家

老厝私房菜（广州T.I.T）创意园店、新厝（K11购物艺术中心店）

“老厝”位于广州市海珠区创意园397号品牌街9号，创立于2016年8月。

“新厝”位于广州天河区K11购物艺术中心8楼L801号，创立于2021年8月。

这两家潮菜私房菜店的主理人黄进贤，是中国烹饪大师，烹饪专业工程师，广州市旅游商务学校客座教授，岭南饮食文化研究中心特邀研究员，获法国蓝带勋章。

老厝私房菜是在“大林苑”基础上提高创新的一家中餐西做的精细餐厅。新厝是黄进贤在老厝基础上加入分子料理和西餐手法的一家新派融合潮菜。在广州和全国都具有一定影响力。其代表作有沙姜焗龙虾、红花汁官燕、生腌大闸蟹、干鲍焖龙筋、菌香虾蛄翅、松露巴浪鱼、鱼子酱鱼生、老香黄雪葩等。

沙姜焗龙虾

鱼子酱鱼生

红花汁官燕

干鲍鲟龙筋

生腌大闸蟹

黑松露巴浪鱼

老香黄雪葩

深圳名店

深圳是中国经济特区之一，也是最早创办的特区。极具开拓冒险、艰苦奋斗精神的潮汕人，勇闯深圳经济特区，在这块干事创业的热土上挥泪洒血，创业、生活、发展。到深圳特区创业拼搏的潮汕人，也不遗余力地将家乡的饮食文化精彩纷呈地推广到这里，彰显潮菜无比魅力，提高潮菜知名度，大大促进了潮菜向外传播发展。

佳宁娜潮州酒店

佳宁娜潮州酒店（佳宁娜广场店）位于深圳市人民南路2002号佳宁娜广场4楼；佳宁娜潮州酒店（福田好日子店）位于深圳市福华一路好日子皇冠假日酒店3楼。

佳宁娜集团餐饮业由马介璋先生1981年创办于香港，“佳宁娜”一名取自潮汕话“胶己人”的谐音。1988年，香港佳宁娜集团名誉主席马介璋先生和集团主席马介钦先生将这个品牌引入内地，在深圳罗湖设立第一家店——晶都店，这是改革开放之初深圳乃至内地第一家外资港式潮菜酒店。之后，香港佳宁娜集团又先后在深圳罗湖佳宁娜广场、深圳福田的好日子酒店、海南海口、云南昆明、湖南益阳、东莞开设了多家分店。1990年，佳宁娜已跻身中国餐饮50强，营业额高居全国第6位，成为当时深圳现象级的高端宴席酒楼。

深圳佳宁娜集团控股有限公司餐饮业务董事总经理是江本华，1981年从业任餐饮学徒，1992年，江本华带着专业领域的技术从香港赴深圳，以新鲜食材、精细技术立命，任佳宁娜集团餐饮业务集团行政总厨，至今，江本华已在餐饮业打拼40多年，载誉无数。

佳宁娜潮州酒店（林大川供图）

佳宁娜餐饮业内地潮粤菜厨师管理团队成员均来自潮汕地区，均为中式烹饪高级技师、专业粤菜烹饪技师，团队成员曾荣获中式烹调师金奖、“深圳宴中国味”大厨奖、深圳金厨奖。其中，钟松利师傅曾在2019年大湾区开心厨神邀请赛中获得冠军，在2019年深圳技能大赛“粤菜师傅”职业技能竞赛暨“鲍之源杯”（潮式味）挑战赛中获得金奖。

深圳佳宁娜潮州酒店在传承潮菜方面非常重视人才培养，近些年来，酒店与一些专业院校协同合作，在深圳设立了“粤菜师傅工程”技师工作站，分批分期安排烹饪专业的学生到佳宁娜来跟岗学习，指导他们升级厨艺、学习现代厨房管理，提升就业创业能力，更好地服务内地城市发展。2019年1月，佳宁娜潮州酒店与汕头市粤东技师学院设立“粤菜师傅技师工作站”，被广东省人力资源和社会保障厅确定为“广东粤菜师傅大师工作室”。

多年来，佳宁娜酒店荣获“国际餐饮名店”“中国饭店金马奖”“香港服务名牌”“深圳老字号”“深圳十大名店”“深圳潮菜知名企业”“粤菜师傅技师工作站”等多项荣誉，现在也是深港两地潮州菜的代表性品牌。

在未来，佳宁娜酒店将充分利用产业资源优势，不断探寻更加多元化的发展空间，持续推进产业升级发展，与内地城市共同成长、共谋发展、共创奇迹。

佳宁娜酒店有不少菜品成为十分经典的招牌名菜。

潮州卤水拼盘

在潮汕人的卤味食谱中，排在首位的非卤水鹅莫属。它一般是潮菜宴席中的首道菜，食材选用有“世界鹅王”之称的150天左右的澄海狮头公鹅，用20多种特制香料熬制成卤水老汤，才能卤制出肥美咸香的卤鹅。蒜泥醋是吃卤鹅的必备配料，它能够化解吃鹅时口中的油脂，鹅肉配上香菜，则可增加肉的清香，细品愈加可口。

潮州卤水拼盘

佳宁娜的卤水略经改良，药材味不浓，风味较为清香。春菜煲油少汤清，菜味清甜。酸梅乌鱼明炉浸煮，味道鲜香。各色传统菜式出品精良。

潮州冻大红蟹

冻大红蟹是港派潮菜的经典之作。佳宁娜选壳薄肉厚、重达1至2斤的优质大红蟹，原只螃蟹熻熟放凉，敲碎蟹壳斩件上桌，拆出蟹肉即食，水分抽离后肉质更紧，口感条缕绵实，细腻清甜。

潮州冻大红蟹

美食家闫涛有篇叫《冻蟹之美胜于情人》的文章，用“清水出芙蓉，天然去雕饰”来形容冻红蟹的清与鲜，包括蔡澜在内的美食老饕们，只要爱吃螃蟹的，一般都爱吃冻蟹。冻蟹是潮菜的鲜美之魁，肉质鲜美肥嫩，而且口感清凉爽滑。

炭烧大响螺

炭烧大响螺

一种高档的潮菜。将活响螺架在明炉上炭烧，是一种传统的潮式响螺烹饪方法，过程极其复杂，普通菜馆做不来，高级餐馆嫌麻烦不做，因而成了一种古早味。

普宁豆酱杂鱼煲

这个名字虽然朴素直接，却透着潮汕人对食物最“鲜”的追求。这款普宁豆酱杂鱼煲汇集了敌仔鱼、沙尖鱼、鹦哥鱼，都是从潮汕地区新鲜运来的特色鱼，做法也很有潮汕味道。没有太多的调料，最大程度上保留了鱼肉本身的鲜美，搭配普宁豆酱，咸香又不会抢了鱼的鲜味。

青榄炖螺头工夫汤

这款产品的灵感来自潮汕地区的工夫茶。这是一款很有特色的营养工夫茶汤品，选用潮汕地区优质的青榄、响螺片、猪腱肉，放进紫砂茶壶慢炖，润燥滋阴、理气润肺、健脾开胃，将汤品与工夫茶结合在一起，更是让其在发挥了养生功效的同时，也营造出古朴典雅的意境。

潮式香煎蚝仔烙

在潮汕美食里，蚝仔烙可谓经典中的经典。传统的潮汕蚝仔烙喜用鲜蚝，要选大拇指大小的。虽然蚝仔小，但是胜在肥美且数量多，一口下去就能吃好多个，整体口感香脆可口，再蘸上搭配的鱼露，更是抢鲜了。

对经典潮菜蚝烙，佳宁娜改传统的“烙”（煎）为半煎炸，两面焦香，饼身硬挺，更为突出外脆里嫩的口感。

鲍参翅肚

鲍参翅肚等主菜，以佳宁娜肘子翅为上品，金华火腿肘子与老鸡炖作浓汤，搭配大裙鱼翅，香浓胶粘，醇而不腻。

在佳宁娜，熟客必点的菜肴还有鱼丸汤，与众不同的是，佳宁娜的鱼丸由黄门鳝、马鲛鱼、九棍鱼3种鱼肉制成，马鲛鱼鲜味厚重，九棍鱼滋味鲜亮，黄门鳝则味道清甜，三者相加便集三家所长，鱼味鲜浓。

潮菜石榴鸡演变而来的素菜石榴球也是佳宁娜的得意之作，改荤为素，皮薄馅香，卖相造型也十分清爽。

红烧潮州翅古法焖制，本港响螺上汤堂灼，也都是佳宁娜经典的上等名菜。

潮江春酒楼

深圳潮江春餐饮集团创于1989年，是深圳著名的餐饮管理集团公司，至今已有34年的历史。目前有潮江春阳光店、潮江春深航店、潮江春大中华店、春江潮万象城店、厦门春江潮泊金汇店5家酒店。潮江春阳光店位于深圳市罗湖区嘉宾路2001号阳光酒店B座2楼；深航店位于深圳市福田区深南大道6035号深航国际酒店3—4楼；大中华店位于深圳市福田区金田南路大中华喜来登酒店西座5楼；万象城店位于深圳市罗湖区宝安南路1881号万象城2期2楼S248、S249号商铺；厦门春江潮泊金汇店位于厦门市湖里区滨城道285号泊金汇1—3楼。

潮江春阳光店（酒店供图）

深圳潮江春餐饮集团董事长萧宏涛先生从事高端餐饮行业30多年，除担任集团董事长外，还担任香港春江潮餐饮投资集团董事长、罗湖区政协委员、深圳市烹饪协会常务副会长、深圳市烹饪协会潮菜专委会主席、香港澄海同乡联谊会副会长、深圳汕头澄海商会名誉会长、深圳市罗湖区海外联谊会副会长、汕头市龙湖区公共外交协会名誉会长等。曾获“中国国际美食优秀企业家”，2016、2017、2018年度“深圳餐饮杰出企业家”，2018年度“餐饮功勋人物”等荣誉。

作者与萧宏涛先生在酒店前合影

1989年，潮江春集团在深圳罗湖区阳光酒店创建第一家店，主营高档潮粤菜。1995年，在国家商标总局注册了中国的“潮江春”商标。2005年，位于深航国际酒店的潮江春福田店开业。2007年，位于大中华喜来登酒店的潮江春大中华店开业。2018年，潮江春在罗湖华润万象城2期开业，致力打造精品潮菜新品牌。潮江春集团创立了食品厂，主要生产中秋月饼和深圳手信鸡仔饼。2020年，建立团餐事业部，承接深圳机场集团和深圳市交通运输局深圳港引航站食堂管理服务。

自从创立以来，潮江春接待过多位国内外知名人士，赢得了社会各界广泛好评。国务院原总理、原副总理及古巴前总统、华人商界知名人士李嘉诚等都曾莅临潮江春，他们对潮江春的管理、服务、菜式等方面都有很高的评价。

深圳潮江春酒店主要经典名菜有卤水狮头鹅老鹅头、堂灼响螺片、虾籽葱烧猪婆参等。

堂灼响螺片

卤水狮头老鹅头

虾籽葱烧猪婆参

潮江春集团现为深圳市烹饪协会潮菜委员会的主席单位，多年来集团公司获誉无数，包括以下荣誉：

国资委颁发的“最具影响力国家餐饮金牌企业”；

国资委商业技能鉴定及饮食服务发展中心共同颁发的“全国餐饮知名品牌”；

全国餐饮钻石名店；

深圳地区第一批国家级“五钻酒家”；

在深圳电视台举办的深圳餐饮风云榜评比中荣获“深圳最佳老字号”；

中国烹饪协会授予潮江春集团“中国餐饮30年优秀企业奖”。

酒店获得荣誉（潮江春酒楼供图）

大林苑精细中国菜

大林苑精细中国菜（怡景花园店）位于深圳市罗湖区怡景路2003号怡景花园。

大林苑，由中国餐饮界功勋人物、“现代潮菜之父”林自然先生创办。汕头潮菜研究会副会长、美食家李强先生于2002年9月创办深圳市大林苑餐饮管理有限公司。林自然先生的“义子高徒”是许多餐饮界的朋友对李强先生的评价，李强先生师承林自然老师，在深圳延续大林苑的精神与风范，发展弘扬壮大潮菜菜系。

深圳大林苑由李强先生亲自打理，主营高端潮菜、精细中国菜，秉承“以最地道、最传统，并且味贯东西方的方式为精细中国菜拓展出全新空间”的经营理念，以潮菜为基础，吸收各种菜系的特色和博采众菜系精华的菜种，不拘泥于传统，不断推陈出新。

大林苑（周克胜供图）

精于烹制海鲜、重视原汁原味、崇尚清淡口味、制作工艺精巧、善于调制汤菜、注重养生保健、讲究佐食调料、小食品种繁多等为潮菜特点。大林苑在传承潮菜的基础上，注入现代的饮食理念和烹饪方法，突出“科学搭配，精细制作，注重特色”的特点，坚持“以美味为核心，以营养、养生为目的”的潮菜本质。因而，大林苑的精细潮州菜被汕头潮菜研究会会长、美食家张新民认为是一种讲究的、具有传统潮式的、世上没有但可以被创造出来的美食。

铁板九肚鱼烙

豆酱焗蟹

堂灼响螺片

大林苑经典名菜主要有堂灼响螺片、红烧鱼翅、铁板九肚鱼（豆腐鱼）烙、豆酱焗蟹等。

深圳大林苑餐饮管理有限公司成立已过20周年，连续多年获得“黑珍珠”提名“橄榄中国·餐厅大奖”年度潮州菜餐厅“金梧桐中国餐厅指南”一星餐厅等奖项。

酒店获得荣誉（周克胜供图）

珠海名店

珠海也属中国第一批经济特区，居珠江口西端，毗邻澳门。但是，珠海比起深圳，其城市体量和人口规模都要小得多，因此，潮汕人在珠海的存在感更显著，据说在珠海，每三个人中就有一个来自潮汕。潮汕人把潮菜带到珠海自不在话下，潮菜，既是潮汕人的谋生之需，也是潮汕人的思乡之需，同时，也给生活在珠海的人带来了更多的美味体验。

新海利海鲜城

新海利海鲜城（夏湾店）位于珠海市拱北区粤华路271—275号；新海利海鲜城（金湾店）位于珠海市三灶镇金海岸大道东信汇上品苑。

创始人为纪少雄。1982年，珠海开始发行个体经营执照，纪少雄成为珠海第一个“个体工商户”，开了一间大排档，起名“安利餐饮店”。

1985年成立珠海新海利实业发展有限公司。新海利在珠海砥砺前行40年时光，成为广东省著名商标“珠海餐饮老字号”。海鲜及潮汕小食应有尽有，都是潮汕人喜欢吃的美味，这里是珠海最“惹味”的地方了。

新海利海鲜城（新海利海鲜城供图）

新海利海鲜城餐厅（新海利海鲜城供图）

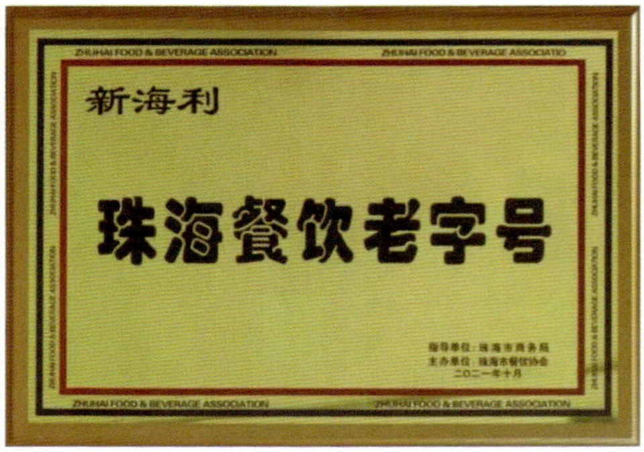

荣誉（新海利海鲜城供图）

烤羊排

潮州砂锅虾蟹粥

潮仁御厨

珠海大胜餐饮投资有限公司于2015年在珠海成立，同年旗下品牌“潮仁御厨”正式落地运营，保利店位于珠海市金湾区保利香槟花园120—122号，夏湾店位于珠海市香洲区昌平路259号。创始人周克胜、主理人周克纯两兄弟秉承“潮味心传”经营理念及“求其真，听客意，创潮新”品牌秘笈，以真挚潮人之心和高超庖解技艺将山海潮味提升到另一层次，联结历代潮人共同的情感和记忆，还原餐桌上本源潮州滋味，造就家常而新奇、丰厚而迷人的精致潮汕菜。

创始人周克胜与主理人周克纯（大胜餐饮供图）

潮仁御厨餐厅（大胜餐饮供图）

潮仁御厨大厅（大胜餐饮供图）

“潮仁御厨”一直在探索和打造“精细潮菜”，追求“一菜一景象，一菜一意境”，加深潮菜文化内涵，很多被历史遗忘的菜品被大师重新演绎，其中就有“美味熏香鸡”和“潮州鱼生”。“美味熏香鸡”最大的特点是选用潮州特有凤凰单丛茶进行熏香，茶香附体，鸡味独特。凤凰单丛茶产自潮州凤凰山，有蜜兰香、茉莉香、黄枝香、姜花香、肉桂香、玉兰香、夜来香、芝兰香、杏仁香、桂花香等十大香型闻名。“潮州鱼生”重视配料，常见有菜脯丝、萝卜丝、姜丝、蒜片、南姜末等，味觉多层，妙不可言。如果将熏鸡和鱼生碰撞，既有捞鱼生仪式感，又突出茶香，经过一番调试，就有了独具特色的“鲍鱼捞茶香鸡”。凤凰茶香熏，配上琳琅满目的配料，让经典制作得以升华。这道菜成为食客来“潮仁御厨”首点的招牌菜。除了对经典的创新，还保留了对传统的致敬。作为创始人及拥有岭东潮菜文化研究院副院长等多重身份的周克胜，受邀为澳门科技大学授课，为《澳门日报》饮食栏目作者，一直不忘推广和发展潮菜事业，2019年在日本举行亚洲名厨精英荟，代表澳门勇夺金奖及最佳造型大奖。同年荣获香港潮州菜国际大赛金奖。时至今日，潮汕已不再是“孤岛”，潮汕菜也早已羽翼丰满，接下来就看它能飞得多高了。

黑松露炸粿肉

蟹肉绍菜卷

鲍鱼捞茶香鸡

上海名店

清代以来，伴随着红头船商人贸易，向海而生的潮商就纷纷闯荡上海。红头船贸易促进了潮汕与台湾、厦门、上海、苏州、天津、海南等地的贸易。每年春季，红头船商人乘坐装满潮糖或潮汀赣梅特产的红头船出发，“扬帆北上，经闽省，出烽火、流江，翱翔乎宁波、上海”。上海成为潮汕人向往的地方。

1842年中英《南京条约》签订，上海成为中国五大通商口岸之一，被迫开埠。开埠的上海商业贸易快速发展，经济社会繁荣，成为中国的经济重心、近代化大都市。沪潮商业贸易更加频繁，大批潮汕人秉承红头船历史传统，到上海创业、生活和发展。上海话中有句“潮州门槛”，潮州人是广东人中最会经营做生意的，且以节俭闻名，“潮州门槛”被用来形容精明会算，可见上海人对潮州人的评价。

1860年汕头开埠后，繁忙的汕头口岸成为潮糖出口最主要的口岸。“至于进口潮糖的国内各通商口岸，汕头商人在当地也往往占有一席重要地位。”上海则是潮糖最主要输出地，“本境之糖，多运往上海，亦有到外洋者”。民国初年，输往上海等口岸的潮糖为数甚巨，是潮商北运的大宗商品，“凡输出于上海天津汉口镇江各埠之白糖，为数约五十七万担，黄糖八十万担”。直到20世纪30年代，潮糖等潮州土产杂货仍然是上海潮商的主要经营商品。潮州柑也是销售上海的大宗商品，“潮州果类以柑桔为最著，实大而汁多，岁输出津沪南洋，数值至巨”。

到上海创业经商的潮汕人，其中就有开设酒店、饭店。1949年中秋，梅兰芳在上海品尝到由潮汕人开店制作的膀饼，一尝便赞不绝口，还特地书写了“茶食泰斗”4字赠予店铺。能让一生自律的京剧大师破例，可见膀饼的非凡魅力，也充分反映潮汕美食在上海发展的繁盛。

改革开放以来，尤其是上海浦东开放开发后，一批又一批潮汕人来到上海，他们敢为人先，乐于奋斗，勇于创新，在上海的各行各业中各领风骚。如今，在上海的潮汕人已有75万多。

潮府馆

2005年，受上海市政府邀请，黄谦先生在上海市大宁公园创立潮府酒家。下辖两家花园饭店，一家位于上海浦东新区花木路809号的世纪公园内，是2012年韩国丽水世博会“中国国家饮食馆——潮府馆”复原馆；一家位于上海静安区广中西路288号大宁公园内。2010年上海世博会上，国学大师饶宗颐教授获知潮府酒家经过激烈竞争，战胜众多餐饮名店，成为“粤菜系”唯一参展代表，参展世博会，欣然提笔题词“潮府馆”。

饶宗颐先生为潮府馆题名（潮府馆供图）

身为“潮府”董事长的黄谦先生，认为潮州菜的特征是“时令、新鲜、本味”，潮州菜极致追求食材原本的味道，满足味蕾的需求，以求达到“天人合一”的自然和谐。潮府馆致力于传承创新和发展潮州菜，坚持手工制作，拒绝预制菜；加入创新元素，以国际化、现代化的方式呈现传统潮菜饮食之美。

2010年是潮府馆硕果累累的一年。首先，第41届世界博览会在中国上海举办，潮府馆作为八大菜系粤菜的官方唯一代表，也是广东在上海世博会上的5个展馆之一。通过世博会，潮府馆向海内外宾客展现了以潮州菜为核心的潮汕海洋文化。其次是潮府馆主办在广州增城举行的国际旅游节开幕式。其间潮府馆召集世博园八大菜系一齐登场展示，盛况空前，得到国际旅游组织原秘书长塔勒布·瑞法依的高度赞扬。再就是在潮州菜的故乡汕头市政府支持下，潮府馆牵头在上海成立潮菜联盟。

2012年潮府馆再次代表中国国家饮食及中国菜系，参加韩国丽水世博会并设立 “中国国家饮食馆——潮府馆”。该馆复原馆落户上海浦东世纪公园七号门，受到国际展览局秘书长洛塞泰斯和世博组委会委员姜东锡亲临见证并高度赞赏。

2014年5月20日，来沪参加亚信峰会的哈萨克斯坦总统纳扎尔巴耶夫一行20余人，造访上海世纪公园的世博潮府馆，邀请潮府馆参加2018年哈萨克斯坦世博会，并品尝了潮州菜和工夫茶。2015年潮府馆作为中国饮食非遗单位代表参加意大利米兰世博会。

2018—2020年潮府馆连续3年荣获东方卫视举办的《东方食刻美食大赏》，获得食刻精选奖。2019年上海潮府馆在广东省粤东技师学院挂牌设立“粤菜师傅”技师工作站。2021年9月潮府馆与广东省粤东技师学院合作成立“非遗传承班”，董事长黄谦先生担任广东省粤东技师学院潮菜烹饪学院“非物质文化遗产传承学院”非遗项目导师。2021—2022年潮府馆连续两年获得“橄榄中国·餐厅大奖”。2022年4月潮府馆荣获省级“潮州菜烹饪技艺”非物质文化保护单位称号。潮府馆还是上海潮菜联盟、中华八大菜系联盟的发起单位之一。

黄谦，省级非遗潮州菜烹饪技艺代表性传承人；中华八大菜系联合会会长；国际潮商会副主席；上海潮汕商会副会长；香港中国商会创会会长；广东省上海商会名誉会长；2018—2020年带领潮府馆荣获东方卫视举办的《东方食刻美食大赏》食刻精选奖项；2019年与广东省粤东技师学院设立“潮菜非遗传承基地”并在中式烹调/潮菜方向专业开办“潮府馆传承”班；2021年担任广东省粤东技师学院潮菜烹饪学院（非物质文化遗产传承学院）非遗项目导师；2022年带领潮府馆获得“橄榄中国·餐厅大奖”；2022年带领潮府馆获评省级非物质文化遗产保护项目“潮州菜烹饪技艺”保护单位。

潮府馆董事长黄谦（潮府馆供图）

潮府馆大宁店（潮府馆供图）

潮府馆世纪店（潮府馆供图）

潮府馆在意大利米兰世博会（潮府馆供图）

潮府馆与广东省粤东技师学院合作
成立“非遗传承班”（潮府馆供图）

潮府馆荣获省级潮菜烹饪技艺
非物质文化保护单位（潮府馆供图）

卤水老鹅头

选用3年以上狮头鹅头，鹅冠馥郁香醇，胶质柔糯，皮韧而肉嫩，咀嚼间饱满的芳香充满口腔，回味无穷。

卤水老鹅头

潮州冻红蟹

潮州冻红蟹

潮汕打冷鱼饭中的高端代表，天然野生。经典做法是蒸熟待凉后食用，以最大限度保留蟹的鲜甜。肉质饱满紧实可口，成菜大气美观。

炭烤响螺

南澳珠瓜腩肉

清汤鱼翅

炭烤响螺

选用本港响螺，慢火煨，加入白酒去腥味，再加以用高汤、花椒、白肉丁等调制的酱汁文火慢烤3小时至入味，带有炭烤的焦香，被视为潮菜中的经典。

南澳珠瓜腩肉

用南澳白珠瓜和农家上等五花腩肉再加上鸡油提香，文火慢炖2小时至食材透而不烂，珠瓜充分吸收腩肉的肉香，味道鲜美，肥而不腻。

清汤鱼翅

汤清而味郁、汤色清亮、口味浓郁鲜美，鱼翅经多重工序发制，加入老母鸡、排骨、猪脚、赤肉等食材一同熬制后的汤底加以调味。

菁禧荟

“取法潮州烹饪饮食之传统，融汇全球臻选食材，解构创作再精细打磨，最终形成的时代佳肴——新派潮州菜。”

菁禧荟，由沪上知名餐饮人杜建青先生自2015年创立于上海，旗下餐厅连续多年保持黑珍珠三钻、米其林一星水准。品牌首创新派潮州菜概念，凭借扎实的厨艺及对食材的精准理解，深度挖掘潮汕风物，搜索全球顶级食材，融合各大菜系之长，以尊重本味、健康的烹饪手法，原创出一系列脍炙人口的经典菜品。

在7年的不断发展中，菁禧荟秉承“去芜存菁·开筵见禧”的信条，将烹饪视为艺术，力求细节完美。旗下虹桥店、外滩店、静安店，分别以西郊独栋私密别墅、外滩地标全景包房、静安花胶·响螺专门店为特色，空间精致、茶酒兼备、服务细腻，广受高端食客及跨界品牌青睐。

2015年，开创新派潮州菜品牌“菁禧荟”。

2018年圣诞夜，菁禧荟外滩店开业。

杜建青（菁禧荟供图）

2022年，菁禧荟静安店（花胶响螺专门店）开业。

2018—2023年，菁禧荟虹桥店连续6年获评米其林上海一星餐厅。

2018—2023年，菁禧荟虹桥店连续6年获评黑珍珠餐厅榜上海三钻餐厅。

作为新派潮汕菜的先行者，杜建青带领菁禧荟，从开创至今，对传统潮汕菜做出了极为大胆的创新，敢为人先，原创出潮式花胶、鱼饭、脆皮金沙参等一系列脍炙人口的经典菜品，被众多老饕力荐为上海必访餐厅，在中国餐饮行业内拥有极高赞誉。

在主菜的料理上，菁禧荟并不局限于传统潮州菜以及潮州菜的“原滋原味”。杜建青表示：“潮汕菜的精髓便是好食材，只要传统调味料与品质极佳的本地食材不替换，其他都可以不拘一格取材，不必事事都要从潮

菁禧荟夜景（菁禧荟供图）

菁禧荟大门（菁禧荟供图）

菁禧荟外观（菁禧荟供图）

菁禧荟餐厅（菁禧荟供图）

汕空运。”比如江浙一带东海大黄鱼、带鱼等品质较潮汕沿海的好，菁禧荟就会择优选取。

潮味烧花胶扒

花胶是大型鱼的鱼鳔控制鱼儿升降浮沉的器官，菁禧荟采用干货白花胶先进行切片等预处理，之后加入日本瑶柱、潮汕虾干、潮汕扁鱼干及老鸡瘦肉熬制成潮州浓汤，小火慢煨使其自然收汁，口感软嫩，令人满足。

冻花蟹

潮汕传统菜式，先将蟹蒸熟，之后再进行去胃、冷却等处理，非常鲜美，每天限量供应。

菁禧如意卷

菁禧荟中西融合新潮菜，馅料十分丰富，有潮汕惠来渔港特产的大地鱼干、阿根廷红虾、北海道贝柱、本港鱿鱼，佐料为香葱、荸荠、黑松露、胡椒等，再配以芝士、黄油、欧芹等作为酱汁，外圈包裹着意大利特大通心粉，口感十分独特。

潮汕卤鹅头

这是广东潮汕地区传统名菜。真正意义上的老鹅头要求5年以上，才能有胶韧的肉质，香味立体饱满，回香无穷。菁禧荟选用3—5年的狮头鹅，以酱油、冰糖、桂皮、砂仁、豆蔻、南姜、甘草、香叶等秘方调味进行卤制，每日从澄海空运至上海，限量供应。

其他推荐的名菜有煎带鱼、沙茶焖雪花牛肉配山药、潮州菜脯蒸金吉鱼、家烧红石斑、潮州菜脯饭、红胡椒焗法国蓝龙虾、生煎贝柱鱼子酱、自制生腌帝王鲑、潮州生腌虾蛄、菜脯山药焖雪花牛肉、冻龙虾配鱼籽、东北鲜人参煮江西泰和乌鸡等。

金悦利湾

位于上海市浦东新区世纪大道100号环球金融中心2楼，成立于2018年，是一家年轻的潮菜馆。金悦利湾与潮堂同属一个集团，前者主打中高端商务宴请，后者则是走亲民路线。

金悦利湾拥有富于设计感的环境、古典精致的中国风格，餐厅包间以词牌名命名。菜品中贵重食材比例高。主要知名菜品有卤水老鹅头、传统腌琵琶虾、龙虾泡饭、古方七菜羹、砂锅葱海参、膏蟹炆黑毛节瓜、普宁豆酱煮琵琶虾、卤鹅肝、巧手香椿煎虾饼、秘制椒盐大蛇碌、荷香水鱼蒸滑鸡、家嫂姜葱炆牛腰、古法咸柠檬炖绿头水鸭等。

非常潮菜馆

位于上海市闵行区虹梅路3727号，2015年在上海开始营业。

非常潮菜馆在大厅设有一处海鲜池，可供食客直接挑选。大厅还有明档的卤水摊位，尽显潮汕风土气息。主要知名菜品有潮汕卤水鹅、生腌虾蛄、香草拌螺片、堂灼响螺。其他名菜有金橘汁佐鳗鱼、九肚鱼烙、海马炖花胶、上汤猪肝菜、潮汕蚝仔烙、虾枣、潮州冻红蟹、斑节虾砂锅粥、姜薯白果。

潮玺潮菜馆

位于上海市闵行区程家桥支路205号智地大厦。

2017年国庆期间开始营业。店址原位置是获米其林一星推荐的香港新斗记开设在上海的分店。

食客一进门，便可看到透明橱窗以及干净的海鲜池，展示潮玺潮菜馆对卫生条件的自信。橱窗上罗列着各种卤水食品。

潮汕炸粿肉

腐皮十分酥脆，马蹄、鲜肉和葱构成的粿肉非常香脆甜美。

潮式蚝烙

潮汕常见菜式，外皮脆香，蚝肉肥美爽口。

酒香花螺

比较入味，风味较佳。

卤水老鹅头

5年以上的老鹅头最佳，肉质十分有韧性。

其他知名菜品有卤水拼盘、牛肝菌炒猪颈肉、大斗仓焖青瓜、腊味双拼煲仔饭、海马炖花胶汤、海鲜粥、生腌膏蟹、黄金贝、椒盐沙尖鱼、冻红蟹、香糟小黄鱼等。

潮堂（恒隆广场店）

位于上海市静安区南京西路1266号恒隆广场507店铺，是一家潮州菜连锁餐厅，于2012年在北京成立。潮堂2015年在上海开设了分店。物美价廉的优点，使其在上海遍地开花，生意红火。

潮堂一般将餐厅设立在人流量较大的商场内，因此几乎没有包间。主要知名菜品有酸梅子蒸午笋鱼、潮州卤水拼盘、潮州蚝烙、普宁豆腐。其他推荐的名菜还有渔家风炊鱼饭、南澳龙虾泡饭、石锅潮汕手打牛肉丸、潮汕砂锅海鲜粥、九层塔石锅大明虾、古法招牌卤牛膝、走地鸡、茄子煲、腌海瓜子等。

苏州名店

明清时期，苏州就发展成为东南大都会与中国一大中心市场，其发达的纺织业与棉纺业吸引全国商人纷至沓来，贸易之盛，甲于天下。潮汕红头船商人与苏州大力做蔗糖、洋货、潮烟等贸易，潮商在苏州创建了潮州会馆。随着苏潮两地贸易的繁盛，文化交流也不断发展。

传承这一历史，改革开放后，潮汕与苏州的经济贸易往来日趋紧密，潮菜不甘落后地进军苏州。于是，有了悦食东方等潮菜馆。

悦食东方·CHAO27

悦食东方位于江苏省苏州工业园区旺墩路288号洲际酒店27楼，2020年8月创办，是金海华旗下的品质餐饮品牌酒店。主厨林钟坤来自潮汕，从小就知食鲜本味，十几年前到苏州生活。

悦食东方传承潮菜用料之精细，味道纯粹之精髓，讲究取法自然、依天而食，用大道至简的加工手法保护食材原味，将“鲜”之一味体现得淋漓尽致。不仅注重食材的新鲜与品质，更讲究菜品呈现与环境的呼应，每一道菜的造型呈现均经过精心考量。

悦食东方·CHAO27（郑宇晖供图）

悦食东方主厨林钟坤（郑宇晖供图）

酒店必吃菜品是老卤粉肝慕斯、潮腌深海大花虾、堂炒蟹皇蟹肉花胶公、咸柠檬水鸭汤等。

潮腌深海大花虾

咸柠檬水鸭汤

酒店先后获得的荣誉有：2020金梧桐中国餐厅指南年度餐厅、2020中国餐厅榜Best 100、2021携程美食林铂金餐厅、金梧桐江浙餐厅年度餐厅、2021金梧桐中国餐厅指南年度餐厅、金梧桐江浙餐厅指南、2022金梧桐中国餐厅两星餐厅、2023黑珍珠餐厅指南榜单。

武汉名店

武汉素有“九省通衢”之称，是我国内陆最大的水陆空交通枢纽、中部地区的中心城市，也是东西南北美食荟萃之地。潮菜以其海鲜见长，与内陆各地菜系具有显著的互补性，在武汉占有一席之地，潮汕人在武汉开设酒楼，把家乡的海鲜带到武汉，让内陆城市享受海鲜之美。

潮舟量贩海鲜酒楼

潮汕人在武汉开设的海鲜酒楼共有3间店，分别为位于汉阳区王家湾玫瑰园路特1号（玫瑰园大酒店一楼）的汉阳店，位于洪山区雄楚大道立信大厦一楼、谢先生餐厅旁的光谷店，位于武昌区和平大道积玉桥地铁D出口直行100米的武昌店。

老板是地地道道的潮州人，打小便偏爱海鲜，在武汉创立酒楼之初，潮州海鲜就是玫瑰酒店的特色，曾打出“小玫瑰虾庄”的龙虾排档。如今玫瑰酒店打造了独家的生态养殖基地和配送渠道，“潮舟海鲜”把家乡的海鲜带到武汉。

“潮舟海鲜”大门左侧是长长的一排海鲜挑选区。酒楼海鲜全部以批发价销售，只收取每份30%，最低10元起的加工费。酒店内不但配有潮州厨师，也有武汉本地和川系厨师，充分满足每个人对海鲜口味的挑剔。

“潮舟海鲜”在三沙设立了专属的养殖基地，并配有专门的配送车辆，每两日至三日便为武汉所有门店更换海鲜。

此外，武汉的潮菜酒店还有位于武汉市武昌区大成路45号的潮州大排档、位于武汉市中山大道179号的武汉潮州宾馆。

北京名店

改革开放以后，一些潮商，怀揣梦想，闯荡京城。随着人数的增加，京城潮商成立商会，协调发展。2004年2月29日，北京潮商成立了“北京潮人商会”。2013年12月26日，历经三届发展的北京潮人商会正式获批成为具有独立法人资格的一级社团——北京潮商会。

2014年1月11日，北京潮商会召开第一届会员代表大会，选举产生第一届理事会、监事会。会长为张章笋，执行会长为陈才雄，常务副会长为林辉勇、陈子丹、张卫军、周建轩，秘书长为周建轩(兼)，监事长为林鑫。2018年11月15日，北京潮商会召开第二届会员代表大会选举产生第二届理事会、监事会。

北京潮商会下设了五个分支机构，包括北京潮商青委会、北京潮商会食品流通专业委员会、北京潮商会文化用品流通专业委员会、北京潮商会潮籍博士专家委员会以及北京潮商青年科创专委会。

北京潮商会主办的《世界潮商》杂志，宣传报道潮商杰出人物和优秀企业，传播、弘扬潮汕文化和中华传统文化，现已成为国际潮团联谊年会的主管刊物。

北京潮商会会员从事各个行业，相对集中于房地产、建筑装饰、电子信息、文具玩具、服装百货、汽车配件、酒店物业、餐饮服务、文化传媒、金属制品、食品等行业。作为鲜明特色的潮菜也进军京城。

潮上潮

潮上潮正大店位于北京市朝阳区光华路10号正大中心4层 L406B。

潮上潮

主厨张一峰（Cheung Yat Fung）

一家潮州菜馆的诞生需要勇气。因为每家潮州菜馆都需要一种珍贵的潮州风味镇店，不然就会陷入食客对它正宗与否的批判。

潮上潮在数年的筹备中收集三大风味，才敢挂牌营业，打出潮州菜的招牌。

定鲜——广布买手，每天从潮州新鲜采购渔货，空运直发北京，这条寻鲜之路打通，才有了开店的想法。

定珍——每家餐厅都要有自己的王牌产品，这才是以后自己的金字招牌。潮上潮拜访名师纪瑞喜，达成老花胶的战略合作。来潮上潮的客人能尝到几年甚至几十年才能养成的珍贵美味，这才有了开店的底气。

定味——潮州菜有自己独特的符号，潮汕人有自己独特的偏好，席间可以无酒，但绝不能没有单丛。潮上潮与制茶大师彪哥相识，他的茶让这一桌潮州菜有了灵魂。

最后，米其林大师张一峰的主理，把这些珍贵的食材穿针引线。至此，潮上潮凑齐了最后一块拼图，独特的风味终于成型。

名菜主要有卤水老鹅头、潮州冻鱼饭、潮州冻大红蟹、炭烤潮州大响螺。曾获得以下荣誉：

2021年亚洲葡萄酒学会两杯酒单奖；

2021年金梧桐中国年度餐厅指南“年度餐厅”奖项；

2022年金梧桐中国年度餐厅指南“北京二星餐厅”；

2022年金梧桐中国年度餐厅指南“一星餐厅”；

2022年北京米其林“服务奖”；

2022年北京米其林指南“米其林二星”餐厅；

2023年亚洲葡萄酒学会三杯酒单奖；

2023年北京米其林指南“米其林二星”餐厅；

2024年北京米其林指南“米其林三星”餐厅。

炭烤潮州大响螺

潮州冻鱼饭

潮州冻大红蟹

卤水老鹅头

稻道鲜·御园酒家

稻道鲜品牌从广州进军北京，北京稻道鲜御园酒家成立于2010年1月，坐落于中轴线北四环内奥林匹克体育中心。御园酒家营业面积3000多平方米，拥有23个豪华包房，容纳120人的多功能大厅，隐秘的私家园林，环境处处唯美，停车更是方便。

酒家以“鲜”为主，将南北方饮食文化相结合，菜品道道唯鲜。精品潮菜、创新粤菜、崇尚养生健康理念，更结合了北方风味，大厨精心改良并进行融合。最为出色的是招牌荷叶翅和墨脱石锅佛跳墙。最吸引食客目光的莫过于硕大的卤水老鹅头。卤水老鹅头吃的差不多就是脖子以上部位，这是一只狮头鹅最宝贵的地方。一般使用3年以上的退役狮头鹅公种鹅，而一只名副其实的老鹅必须是6年以上的退役公种鹅。通过卤水熬制4小时，直到鹅皮呈现焦糖色方可。肉质十分有韧性。每桌必点的还有招牌冰皮鸡，其鸡皮脆香爽口，肉质嫩滑，用平常的简单材料也可以做出非一般的食味。

卤水老鹅头

招牌荷叶翅

石锅佛跳墙

招牌冰皮鸡

稻道鲜·粤鲜粤好

稻道鲜粤鲜粤好2021年8月在北京南三环成立，广东岭南特色的装修风格，大排档式明档点菜，食客一进门，便可看到透明橱窗以及干净的海鲜池，橱窗上罗列着各种粤菜佳肴。

粤鲜粤好

荣誉

同香荟港式潮州餐厅

位于北京市顺义区裕丰路1号同里市集1层，2018年3月正式营业。同香荟秉承潮州菜传统，力图打造如潮州当地一样的地道美味，做有灵魂的潮州菜馆，且有亲切和温度感的餐厅。

同香荟（林大川供图）

餐厅装饰具有浓厚的潮汕色彩。马赛克墙砖、立式卡座、镶嵌彩色玻璃的金属隔栅窗，还有头顶上缓缓转动的木叶吊扇，同香荟地道的氛围仿佛把人带到了千里之外的潮汕。

从全城稀有的粤港海域原海水陆运原生态海鱼、当日空运的红花蟹到经典好味老鹅头、打冷……菜单上的每一道菜都是潮汕经典。2021年，第一车无添加药剂、原海水陆运鲜海鱼自2000多公里外的深圳到店，这在北京城是绝无仅有的。

2019年，同香荟推出精致送餐服务，有别于预订平台的闪送，同香荟的送餐是以专车专人一客一送，让客人在第一时间吃到最好的味道；2020年，同香荟推出外宴、到会业务，从菜品、餐具到现场布置、专业服务，客人家成了同香荟美味的外延。

自开业以来，同香荟接待过众多国内外政商人士、娱乐名人，赢得各界广泛好评。

同香荟港式潮州餐厅有不少经典潮汕名菜。

金汁蒸忘不了鱼

世界名鱼之一，因食用风车果而拥有特殊的香味。清蒸味道鲜香口感细腻，鱼鳞亦可食用，并有极为独特的口感。

金汁蒸忘不了鱼

花胶鸡煲

慢火熬煮，口感浓郁胶质十足，不仅味美，还有美容养颜功效。

咸柠蒸马友鱼

潮州打冷的代表菜品，绵软的鱼肉搭配普宁豆酱，入口瞬间，眼前便会浮现出潮汕的大海。

卤水五年老狮头鹅头

体形壮硕的狮头鹅因其额颊肉瘤发达呈狮头状而得名，鹅头是整只鹅的精华所在，丰美的味道在老卤中幻化出让人难忘的美味。

白灼响螺

来自南澳岛的响螺，珍稀的食材，体现在吃上也充满仪式感。除了古法炭烤，过桥、白灼、油泡都是同香荟烹制响螺的手法，无论哪种，都力图保留响螺鲜甜原味与爽脆口感，让人尝到潮汕大海的滋味。

白灼响螺

冻红花蟹

冻红花蟹是打冷中的C位担当。与大闸蟹的季节性相比，红花蟹全年都能吃到，光是这点就足够吸引人。潮汕近岸浅海底层水域，孕育出被称为“蟹中美人”的红花蟹。一斤以上的已属上品，而同香荟精选的红花蟹一斤半起步，大的可达3斤。蒸熟后冷食的冻红花蟹有“三味”：除蟹肉本味，蟹钳肉质纤甜如干贝，小腿丝长肉嫩如银鱼。

紫菜四宝

河粉的弹与紫菜的鲜组合出神奇的效果，搭配以牛丸、鱼蛋，让简单的食物成为经典。

紫菜四宝

餐厅先后获得荣誉有：2021Timeout中国餐厅大赏年度高端中餐餐厅、2021橄榄中国·餐厅大奖年度潮州菜餐厅、2021 金梧桐中国餐厅指南最佳餐厅、2022 金梧桐中国餐厅指南最佳餐厅。2020年、2021年、2022年连续3年入围黑珍珠餐厅指南等。

同香荟获得荣誉（林大川供图）

惟炉潮厨

惟炉潮厨位于北京市朝阳区双井桥双花园南里合生国际三区23号楼105室。惟炉潮厨成立于2013年，主理人是张楚廷大师。

主理人张楚廷大师与《舌尖上的中国》导演陈晓卿合影留念

张楚廷大师有着30余年海鲜批发与餐饮从业经验，尽心经营，旨在打造北京地区最正宗潮汕味道。餐厅曾获得纪录片《舌尖上的中国》导演陈晓卿亲笔推荐，并得到京城食客的广泛好评。

惟炉潮厨全部聘请技艺精湛的潮汕本地厨师进京，遵循潮式古法烹饪，以高档海鲜为主打菜品，忠于食物原汁原味。打冷富贵虾为一大招牌名菜，选用来自东南亚海域的富贵虾，整虾经冰与火二重处理制成熟食冷盘，使得虾肉鲜味被完全锁住，口感嫩滑，食客评价“鲜得能吃出海水的味道”。招牌潮菜是响螺春菜煲、花椒焗龙虾、炭烧澳洲鲍、生腌膏蟹、潮汕卤水鹅头、反砂芋头等。

惟炉潮厨曾获邀为CCTV《厨王争霸》节目合作伙伴，也曾接受汕头电视台潮人专题采访，视弘扬潮菜文化为己任，视热爱美食的顾客为知己，恭迎海内外朋友前来品鉴。

花椒焗龙虾

腌蟹

青岛名店

豪邦大酒店

豪邦大酒店由北京鼎春投资管理有限公司与华浦（香港）有限公司于1999年投资1700万美元兴建，总面积4.5万平方米，坐落在青岛市月湖公园内，是集餐饮住宿、商务接待、婚宴会议为一体的综合型五星级标准涉外旅游酒店。豪邦大酒店餐饮以精致潮菜、粤菜、鲁菜为主，总餐位数2500个，拥有各类装修的豪华包房30间；亦拥有完善的会议功能及宴会功能，其中C座宴会中心2楼合观厅为1000余平方米无柱大厅，可同时容纳660人会议或供400人用餐；另外还拥有大、中型多功能会议厅3间，小型会议室20余间。

青岛豪邦大酒店董事长陈家桂先生为国际潮青联合会常务会董、青岛潮汕商会会长。

酒店外观（本店供图）

酒店内部（本店供图）

家烧笋衣

苦刺菜双丸汤

清汤5A和牛

港澳台地区潮菜名店

清代红头船贸易，特别是汕头开埠的推动，形成一个繁盛的“汕—香—暹—叻”国际贸易。在香港，传统的转口贸易被称为“南北行”，主要集中在上环文咸东街与文咸西街。这里被称为“食材的天堂”，除了燕翅鲍参肚等高档海味干货，还有元贝、蚝豉、螺片、鱿脯、虾干、鱼唇、火腿、咸鱼、菌笋、发菜、腊味等，只要你能想得到的食材，几乎都可以买到。

香港名店

潮菜很早就随着移居香港的潮人进入香港饮食业，但当时潮菜经营者都是小摊贩，如西环三角码头附近小巷内的那些被称为“打冷”的档口，对象是那些潮籍劳力阶层，菜式简单，烹饪也不讲究精细，潮菜的优美之处未能得到体现，所以除潮汕人之外，知道潮菜的人少之又少。许多经营饮食业的潮汕人，为生存发展，都以主流的粤菜为招牌。

直至1929年，才有一家潮汕人经营的名为“天发”的餐室，正式打出潮菜的招牌，而且经过数年的奋斗，营业有了起色，才于1935年转为稍具规模的酒家。继天发酒家之后开张的新太海、妙香、镇海等数家潮州酒楼，都未能站稳脚跟，相继歇业。

20世纪50年代开始，香港经济正处在一个突飞猛进、迅速繁荣的阶段。经济的大繁荣带动了各消费行业的大发展。单饮食业来说，做生意要请客吃饭，公司、团体聚会为增加凝聚力需要设席摆宴，还有亲朋、家庭的喜庆筵席，许多大宴动辄一摆就是几十席，都需要高档美味的酒菜供应。

20世纪50年代，旅港的潮汕人已不下30万，有“东方犹太人”之称的潮汕人，当然不会放弃在饮食业发展的机会。潮菜顺应这股潮流，够鲜、够精、够美、够高档，当时就有金岛燕窝潮州酒店经营潮菜初具声誉。金岛燕窝潮州酒店注重环境、注重服务的风气，使潮州酒楼一下子成了有钱人心目中的“美食天堂”。可以说，潮菜之所以在香港兴起，外因全在于当时经济普遍繁荣，世人追求奢华的风气。

20世纪70年代，旅港潮汕人增至90余万，占了全港人口的五分之一强，其中在生意场上获得成功、成为富翁巨贾的为数不少。他们喜欢商务应酬、团年春茗以及大型的喜庆宴会等。以海鲜为主，烹调制作巧妙的潮州菜遂引起了商界人士的注意。潮州筵席开始时兴，潮菜的美味也开始为人们所认同。

这段时期，潮商经营酒家、茶楼、菜馆、餐厅、冰室的不下数百家，其中经营茶的就有300余家，因潮人有喜饮工夫茶的传统习惯，对茶的认识较深，潮汕工夫茶“茶靓水滚”，加上别具特色的潮汕小食、饼食，生意往往比普通茶楼要好。至于潮汕人经营的酒家、餐厅、菜馆，用潮菜做主打的渐渐多了起来，像“暹罗燕窝潮州酒楼”“环球潮州酒楼”之类中等规模的酒楼便正式打出了“潮州酒楼”的名号。

20世纪80年代，香港成为“亚洲四小龙”之一，奠定了它作为世界大都市的地位。世界的金融中心、工业中心、贸易中心、航运中心、旅游中心和信息中心都有它的一份。由于香港是国际性港口城市，过往客商有来自五湖四海的外国人、华侨及内地各方人士，同时广府菜在香港长期独揽厨坛，潮菜要在香港发展起来，不仅要占领市场，还必须兼顾各方客人的食俗口味，加以创新发展。于是港式潮菜应运而生，香港有了潮菜馆，有了潮菜名店。

金岛燕窝潮州酒店

金岛燕窝潮州酒店位于香港尖沙咀梳士巴利道3号，Star House，2楼东座。潮菜崛起过程有一个里程碑式的突破性事件，这就是1978年在香港九龙加拿芬道开张的金岛燕窝潮州酒店。

金岛是籍贯普宁的泰港商人黄子明家族辖下金岛集团在香港开设的第一家酒店，也是香港第一家豪华的潮州酒店。酒店共有两层，外筑幽雅的园林景观，内设宽敞的贵宾厅房，装修选用高档红木材料，风格高雅脱俗。

金岛燕窝潮州酒店首创设立海鲜大池，让顾客自选生猛海鲜，还提供各式鲍鱼、海参、鱼翅、燕窝等珍馐海错。再加上聘请了高级厨师，在继承潮菜菜式传统的基础上，博采融入其他菜系的精华，精烹巧制，炆、扣、蒸、炖、灼、煎、炸、炒……手法众多，火候精确，甚至配料、蘸酱等都一丝不苟，潮菜色香味俱全的优点得到全面的发扬和提升。

虽说宴席的价格昂贵，然而名声反而不胫而走，不单本地食家蜂拥而至，就连东南亚华侨、日本游客也慕名专程前来品尝，一时间客似云来，门庭若市。“金岛”的成功掀起了一场高档潮菜的热潮，仿效者与日俱增。于是，互相竞争、互相促进，潮菜终于迈进了高级菜肴的行列，登上了大雅之堂。潮菜从香港这个自由港，扩展到了世界各大城市，单一个美国纽约市便有潮菜馆10余家。

百乐潮州酒楼

百乐潮州酒楼位于香港铜锣湾希慎道23—25号地下。

1967年开业，由贝世雄先生创办，食肆分布全港，以提供正宗潮州菜为宗旨。酒楼坚守潮菜真谛，注重以品质及创意取胜，坚持提高食物质素及服务的同时，亦不断创造出百乐独有之潮州美食，更荣获2016米其林指南车轮人美食推介。

百乐潮州酒楼大堂（周克胜供图）

此外，佳宁娜潮州菜馆、暹罗燕窝潮州酒楼、潮州城（尖东）、金冠潮州城、百乐酒楼、葵花潮州城、两光饭店、南苑潮州菜馆、潮濠城潮州酒楼、新光潮州菜馆、斗记饭店、潮鸿城酒楼、潮州城（湾仔）、创发饭店等，都是香港著名的潮菜名店。

红烧金钩翅

反砂芋

干煎糖醋面

碧绿川椒鸡球

花胶鹅掌煲

澳门名店

澳门既是旅游胜地，又是美食之都。澳门因历史原因而孕育出中葡共融和独特的饮食文化，进而发展成为国际口味荟萃之区。

20世纪60年代，澳门皇宫是旅客必到打卡点，设在澳门皇宫内的皇宫大酒楼更是金碧辉煌，酒楼由黄公侠承包经营，总厨派叔，以接待娱乐场贵宾为主，老板叶汉经常接待贵宾，其中一道隐世名菜“八仙闹东海”就是其宴请头牌。

以大碟盛载的“八仙闹东海”，中间主角就是大响螺两味，采用潮菜经典做法油泡和焗，配上本港龙虾、野生红斑、本澳金边龙利鱼、游水带子、玉簪田鸡、百花蟹钳，每款独当一面的珍馐名菜，集合成一道“八仙闹东海”，其美味及珍贵已经无法用语言形容，但如今已消失多年，只在餐饮史上留下淡淡的印记。

葡京潮州酒楼

20世纪七八十年代，随着食客需求和社会发展，酒楼火锅相继在澳门登场。葡京潮州酒楼随着金碧辉煌的葡京酒店一同落成，由香港东方报业创办人马氏兄弟创立，香港第一代潮州菜鼻祖杨木材师傅主理。以精致潮州菜，中式古典装潢，茶靓水滚的待客传统，坚持保证“真材实料”的经营理念，迎接来自四面八方的宾客。

葡京潮州酒楼是当时澳门唯一一家传统潮菜酒楼，也开创了潮汕工夫茶文化与时令菜配搭的先河。酒楼招牌菜最为出名的是“潮州翅”，人们要吃“潮州翅”，都必须提前预订，因为汤底和做法都是按传统工艺制作，汤底选用上等材料要熬制8小时以上。

2011年，汇聚当代中国食学烹饪领域的专家和顶尖厨师、历经5年完成的饮食巨著——《中国烹饪文化大典》出版，大典也记录了澳门的美食文化。凭借精湛的工艺及影响力，葡京潮州酒楼经典菜式被纳入大典中。

葡京潮州酒楼（澳门日报供图）

合照（澳门日报供图）

澳门英皇娱乐酒店

澳门英皇娱乐酒店位于澳门半岛大堂区澳门商业大马路288号。

澳门英皇娱乐酒店于2006年开业，坐落于澳门特别行政区中心，提供豪华住宿及精致餐饮。开业以来屡获殊荣，计有“中国饭店金马奖——消费者最满意酒店品牌2009—2010”“澳门环保酒店奖2008”等称誉，酒店主营潮粤菜的“皇廷阁”餐厅也荣获2006年澳门“最受欢迎食肆——中菜组”殊荣。

澳门英皇娱乐酒店（周克胜供图）

“皇廷阁”位于酒店9楼，中式古典装潢。曾由香港潮州菜名厨李鹏儿主理，在当时出品和口碑独树一格。

21世纪，澳门出现多家国际级大酒店，尖子名厨和高端主题食府比比皆是，重新谱写澳门餐饮文化的新章。其中，最具代表性的潮菜餐厅有金汉潮州酒楼、汉宫潮州酒家、新世纪酒店潮州苑、银河酒店百乐潮州酒楼等。

英皇娱乐酒店包厢（周克胜供图）

甄文达与李鹏儿（周克胜供图）

炸酿松叶蟹盖

脆皮美国牛肋骨

台湾名店

台湾饮食文化由江浙菜、福建菜、客家菜、潮州菜等逐渐演变而成，又受到日本料理、西洋料理的影响，逐渐发展成今日台湾美食文化。“二战后”潮汕人来台北谋生定居者很多，台北的潮汕人在商业发展上受益于华侨林国长甚多。

林国长出生广东澄海，16岁离开家乡到泰国创业，白手起家致富，在泰国金融界地位极高。“二战”后响应政府的华侨投资计划，1952年率先在台北市南港兴建“侨泰兴”面粉厂，为在台潮汕人提供许多就业机会。

1962年开始兴建当时台湾规模最大的国际观光饭店中泰宾馆，因设备配套齐全，当时许多重要会议都在此举行，为潮州菜在台湾的盛行奠定了基础，一时间在台湾掀起一阵潮菜热潮。

位于台北重庆南路一段77号的陶然饭店，门头标榜着广东汕头的正宗潮菜，专售潮州炖鱼翅、红焖鹅掌、酥炸虾枣、白果芋泥、各式卤味、潮汕什咸并供应工夫茶。

聘请香港潮州菜名厨主理的餐厅，主营高档潮州菜，生猛海鲜、潮式燕翅鲍做法在台北颇具标杆。在当时几乎每家潮菜馆都以广东汕头标识，借此凸显与其他菜系餐馆不同；也显示潮汕人的地域认同，从而满足当时台北消费者需求。

除了一线餐饮外，不少人从事潮菜食品加工行业。潮汕人张建庭经营的广东“陆香园”食品加工厂，位于和平东路，主营鲜鱼丸、鲜鱼饺、牛肉丸等，这些均是潮汕地区强调家乡口味的特产，为潮菜餐馆作后盾。

随着潮菜在台湾需求日益增加，各潮菜食肆自港来台，日益生根，醉红楼、福临门、香港潮州菜馆、葡京、金岛、潮江春等逐一登场，而醉红楼当时迎来了以“独臂刀王”走红的武打明星王羽，他经常带朋友上门，打响了醉红楼名气，让更多人认识潮州菜并喜欢上潮州菜。而在台北说起潮州菜，不得不提百年老店姚记食堂，创始人姚兆旋是地道潮汕人，主营手工潮菜，早期在南京西路摆地摊，生意非常好。后来搬到东湖，换成了门店经营。

此外，位于南京东路二段的潮园餐馆、位于南京西路圆环附近的乐大利餐厅，以及高雄的可香潮菜馆，都是台湾地区著名的潮菜馆。

亚洲潮菜名店

潮汕是著名侨乡，有“海内一个潮汕，海外一个潮汕”“有潮水的地方就有潮汕人”之说法。海外的潮籍华侨大约有1500万，其中汕头籍有500多万。潮人遍布海外，在全球各地落地生根。潮菜在世界各地传播，是与华侨华人、港澳同胞的积极推动密不可分的。

据《汕头海关志》记载，1864—1911年的40多年间，潮汕地区约有294万人离乡背井，远涉重洋谋生。仅1907年第一季度，从汕头乘船出海的就有4万多人，绝大多数是潮汕人。他们多数到新加坡、安南（越南）、暹罗（古泰国）等东南亚各国，少数甚至到达更远的欧洲、美洲的国家。随着潮汕人的“过番”，潮菜也跟着“漂洋过海”了。

潮籍华侨到海外，开始都是从事一些十分艰辛的作业，生活条件十分艰难。但是，由于潮汕人具有刻苦勤奋、善于经营的优良传统，经过多年的艰苦奋斗，这些潮籍华侨终于在各国争得立足之地，不少人后来发展成为当地著名的企业家。

潮汕人到了异国他乡，因不适应当地的饮食，就保持着原来的饮食习惯。或是他们总喜欢从家乡带去杂咸，以消除“怀乡症”。于是，在这些有潮籍华侨打工的地方，就开始出现一些经营潮菜、潮汕小吃的小摊档。经营这些小吃摊档的多为一些打工的潮籍华侨，而光顾这些潮汕小吃摊档的也多是在当地打工的潮籍华侨。

随着潮籍华侨在这些地方经济上的发展及事业上的成功，富有潮汕风味特色的小吃摊档也慢慢发展起来，逐渐开始经营正宗的潮菜，一些中高档的潮州菜馆、酒楼也开始出现。

在这一时代背景下，潮菜以更大力度在海外发展，出现潮菜最主要的一个发展高峰，也形成潮菜第二个飞跃发展时期。由此而产生出潮菜的一个重要分支——海外潮菜，主要是“港式潮菜”与“泰式潮菜”。

潮菜的发展历史向世人昭示，潮菜的发展繁盛，华侨华人与港澳同胞功不可没!

新加坡名店

新加坡是华人较多的一个国家，潮汕人是新加坡华人的第二大群体。当年红头船就有很多到加叻（即新加坡）做贸易，汕头开埠后，很多人是因为“卖猪仔”（做苦力）而到了新加坡，也有不少人移民来到新加坡。

随着移居新加坡的潮汕人不断增多，潮菜也漂洋过海，在新加坡扎根、开花结果。清光绪二十一年（1895年），广西人潘乃光在其《海外竹枝词》中这样描述新加坡的饮食：“买醉相邀上酒楼，唐人不与老番俦。开厅点菜须庖宰，半是潮州半广州。”可见其时新加坡潮州菜与广府菜各占半壁江山。民国期间，郁达夫经常出入新加坡的潮州酒楼，曾经在“醉花林”题字：“醉后题诗书带草，花香鸟语似上林。”

20世纪80年代，新加坡经济快速发展，一跃成为“亚洲四小龙”之一。商贸经济的发展繁荣，带来餐饮业的发展与开放。有着众多潮汕人的新加坡，潮菜也自然地在社会生活中占据重要的地位。

酒店酒楼是潮人在新加坡经营较为成功的一个行业。20世纪60年代以后，随着政府大力发展旅游业，外来旅客逐年增多而获得发展。酒店一般都从事综合性营业，包括住宿、餐饮、购物、会场等。近20年还不断出现一些设备先进、豪华的星级酒店，由潮人经营而且最具名气的有文华大酒店、希尔顿大酒店，其他还有滨华酒店、文雅酒店、樟宜酒店、史丹福酒店，以经营餐饮为主的则有韩江大酒店、潮州酒店、荣丰酒店、茂兴大饭店和大天、大成、和成、南园、清壶天、源兴园、醉桃、香满楼等酒家。

新加坡建国后，潮人经营的商号、公司，有些都已分别由过去单一产品、单一行业逐步发展成为一业多主、多业并举的综合型企业。连瀛洲与马来西亚华商联合创办的华联银行，在新加坡及世界一些国家的大都市兴建文华大酒店、滨华大酒店、丽嘉大酒店。林继民创立林德利集团公司，拥有文雅酒店有限公司。潮人大企业家张泗川拥有吉隆坡马来西亚大酒店有限公司。潮人陈锦泉自“二战”以来不断向多样化经营发展，担任新加坡希尔顿大酒店董事主席、海景大酒店副董事长。潮人企业家董俊竞创办诗家董事集团公司，1980年开始兴建新的诗家董事集团公司和五星级董宫大酒店，1991年在吉隆坡开设首家海外分店，投资13亿马元建设一座拥有500间客房的大型酒店。

潮州发记

新加坡的潮菜餐馆很多，从海味珍馐到糕粿小吃都相当盛行。其中最为出名、最有影响力的，就是历经四代潮人传承、位于新加坡甘霖路区域语言中心的潮菜馆——潮州发记。潮州发记潮菜馆曾获得ASIAN MASTER提名“亚洲30家最好餐厅”之一，被香港美食家蔡澜称为“家族食堂”。

与众多海外潮人奋斗的轨迹一样，潮州发记的发家史历经百年传承，从最初打工厨师到父子开店创业，从医院附近的煮炒摊（大排档）到高档酒楼的老字号，这家餐馆在过去数十年的发展过程中最大程度保留了老潮汕味道的同时，也让潮菜逐步走向世界，被更多的族群认识，而这一切都离不开每一代掌厨人对潮汕传统风味的坚持和传承。

时至今日，潮州发记已经传承至第四代人，从最初医院附近的小摊位发展到如今的高档潮菜馆，这家菜馆在近50年的发展中始终坚持保留对传统潮汕美食的烹饪手法。

“来来来，来食茶。”在潮州发记，店主李长豪有一个习惯，对每一位前来用餐的客人，都会先邀请对方喝上一杯地道的单丛茶。一口流利的潮汕话，一杯浓浓的工夫茶，看似简单随意，却让人感受到海外潮人的热情和亲切。潮州发记是潮菜在新加坡传承的一部分，它传递着记忆，传递着亲情，也传递着对未来的希冀。

汕头海鲜酒家

汕头海鲜酒家（Swatow Seafood Restaurant）成立于2010年8月6日，创始人是来自潮州的谭吉米（Jimi Tan）。酒家拥有3家分店，分别位于大巴窑、实龙岗花园乡村俱乐部和武吉巴督的HomeTeamNS，都主打潮州菜。

汕头海鲜酒家聘请了亚太地区的知名厨师，以其食物的健康和新鲜而闻名，尤其是海鲜菜肴；酒家使用清淡的调味料，力求带出所用食材的天然精华。

汕头海鲜酒家不仅在晚上供应海鲜美食，白天还提供手工制作的香港点心。点心与海鲜的结合，让汕头餐厅成为很多人喜爱的食肆品牌。

新加坡汕头海鲜酒家招牌菜式是潮州卤味拼盘（卤鸭片，猪脚冻，猪头粽）、潮州卤鸭拌豆干、潮式虾枣、汕头豆酱鸡、上汤蟹肉鱼翅、汕头潮式蒸斗鲳、潮州冻膏蟹、芝麻酱黑猪肉、汕头发财八宝菜、潮式菜脯芥蓝粿条、潮式金瓜福果芋泥。必吃的前三名菜品是汕头潮式蒸斗鲳、潮州卤鸭拌豆干、汕头豆酱鸡。

汕头海鲜酒家曾获得以下奖状：2019年新加坡顶级标志性名厨奖、谭吉米先生—声望奖、2019年新加坡北区美食大师（美食至尊）奖、2023年新加坡质量等级认证卓越商业表现奖、2010年优秀业绩纪录突破第一名；2014年卓越美食和服务奖；2014年新加坡中心区企业之星奖。

由百龄美食集团开设的潮州城海鲜酒楼，也是新加坡知名潮菜酒楼，1999年开业，特聘潮菜特级厨师马陈忠师傅前往主理厨政。

泰国名店

在泰国，潮汕美食有悠久的传统历史，潮式饮食文化氛围十分浓郁。曼谷是潮侨聚居的一个重要城市，尤其集中在耀华叻路、石龙军路以及嵩越路等周围的唐人街地区，在这里开设了许多潮州食肆摊档和酒楼菜馆，各种小吃如鱼丸、粿条、粽球、蚝烙等，应有尽有，琳琅满目。

泰国华文作家洪林女士曾说“在曼谷许许多多大酒店、大小酒楼、大小食店，都有潮州菜，任君品尝”，在泰国，“不仅潮州人做的潮州菜，令人齿颊留香，连泰国人，甚至‘佬仔’也都学会做潮州菜”。

在泰国到处都充满着潮汕饮食的独特气息，潮菜已融入当地，并逐步发展成泰国餐饮文化的一部分，如泰式炒粉、酸辣汤粿条、素可泰粿条。

大华酒店

2023年仲夏，我们从汕头乘飞机赴泰国曼谷进行专项调研，一下飞机就得到了泰国中华总商会领导的热情欢迎。据了解，目前在泰国的潮人已经超过1000万人。潮菜在泰国的历史最少也有100年，仅泰国曼谷的潮菜酒店食肆就满“潮”玲珑，比比皆是。特别是曼谷的唐人街——耀华叻，在1公里多的“潮”文化街道上，潮式建筑，潮人习俗，潮语风格，潮菜味道，汇成一道亮丽风景线！

大华酒店（林大川供图）

大华酒店就坐落在泰国曼谷耀华叻最繁华的地方，站在大华酒楼的旋转餐厅，可以鸟瞰整个曼谷，唐人街耀华叻就在眼皮底下。我们应邀参加了在大华酒楼8楼香賓楼中菜馆举行的泰国中华总商会理事宴会，品尝大华酒楼独具特色的潮菜。从一碗醇厚的红烧鱼翅，到一盘香辣可口的萝卜糕，大华酒楼以其精致的潮菜而闻名。每一道菜从食材到配料，从腌制到调料，都经过精心挑选，通过传统潮菜的烹饪方法，融合现代元素，形成独特的口感，诠释潮菜的精致。同时，从摆盘到上菜，造型、菜色、潮味和潮菜故事贯穿其中，使人不觉置身于潮汕家园之中。传统的潮菜味道与现代的烹饪技艺相结合，不仅展示了潮菜的美味，还充分展现了潮汕与泰国文化融合的魅力，使大华酒楼不仅在当地享有盛誉，也吸引了来自全世界的食客。这里，食客们可以在享受美食的同时，感受潮汕独特的文化气息。

我们还应邀拜访了中华总商会名誉主席、大华酒楼董事长陈绍扬先生。他平易近人，和蔼可亲，脸上洋溢着亲切的微笑。陈绍扬先生热情的接待，让我们很快进入轻松愉快的氛围中。他还给我们讲述了大华酒楼的

大华酒楼前厅（林大川供图）

大华酒楼餐厅（林大川供图）

红烧大裙翅

铁板XO酱萝卜糕

脆皮烤鸭

故事：从大华酒楼的位置特点到历史背景；从经营发展到文化融合；从华人乃至潮汕同胞的创业到在泰国社会地位的提升；从泰国诗琳通公主题词“泰国风光好”牌匾到推动泰国与中国文化的交流发展等。大华酒楼无论

是过去还是现在，都成为中泰两国友谊桥梁和纽带，具有独特的知名度和历史地位。

作者与大华酒楼董事长陈绍扬先生合影（林大川供图）

新光明酒楼

走进泰国曼谷的唐人街，映入眼帘的是清一色的潮式建筑，最让人印象深刻的感受，便是走到哪都可以用潮汕话交流。在唐人街感受到浓郁潮味之后，我们应陈主席的邀请，前往百年潮菜老店——新光明酒楼。新光明酒楼是一家历史悠久、深受当地居民和游客喜爱的潮菜馆，坐落在唐人街著名的珠宝行对面。作为泰国最具代表性的华人餐厅之一，新光明酒楼已经成为曼谷旅游的一大景点。

作者与新光明酒楼掌门人合影（林大川供图）

新光明酒楼的菜品以潮菜为主，正宗的潮菜搭配上厨师精湛的手艺使得曼谷唐人街上拥有一道特殊的美食风景线。餐厅的招牌菜包括清汤鱼翅、粉丝大虾、蚝烙等，色香味俱佳，口感丰富。

火腿清炖翅

潮式蚝仔烙

传统老式炊斗鲳

除了美食之外，新光明酒楼还有着浓厚的文化氛围。餐厅内部装修古朴典雅，墙上挂着各种酒楼与重要人物合影的照片，足见新光明酒楼在唐人街上的历史以及举足轻重的地位。

新光明酒楼作为泰国唐人街的一家代表性餐厅，不仅为顾客提供了美食体验，更成为展示潮菜文化的窗口。来泰国旅游的游客，不妨到新光明酒楼品尝一下正宗的潮汕菜，领略潮汕传统文化的独特魅力。

香格里拉潮菜酒楼

在澄海同乡会会长刘秉青热情邀请下，我们一行前往香格里拉潮菜酒楼共享晚餐。香格里拉潮菜酒楼，是一家在当地享有盛誉的餐厅，以其独特的潮汕菜肴和优雅的环境而闻名，是泰国曼谷档次较高的潮菜馆。

当晚，酒楼内灯火辉煌，气氛热烈，我们一行人在商会的正副会长陪同下，共同享受了一顿丰盛的晚餐。在晚宴过程中，我们品尝了各种美味的潮汕菜肴，每一道菜肴都精心烹制，味道鲜美，让我们感受到了潮汕菜独特的魅力。其中最让人叹为观止的便是香格里拉的龙虾生，味道鲜美，其惊艳在仿佛置身于潮汕地区吃到这道菜，令人感到仿佛回到了家乡。

潮式刺身大龙虾

泰国中国皇宫大酒楼

受潮阳商会会长彭大立先生邀请，我等有幸前往唐人街附近的泰国中国皇宫大酒楼就餐。这座酒楼外观极具特色，将泰国和中国的建筑风格完美地融合在一起。进入酒楼，我们被引导到一个宽敞且装饰精美的包间。从这里，我们可以看到外面的街道和来往的行人，让人感觉仿佛置身于美景之中。

作者与中国皇宫老板合影（林大川供图）

随着菜品的陆续上桌，一场美食盛宴正式拉开了帷幕。这里的菜品充分展示了潮菜与粤菜的烹饪精华，极具特色的炒芥蓝、卤鸭掌、鱼胶汤让人回味无穷。此外，酒楼的装修和环境也让人感受到了浓厚的泰国和中国文化氛围。

酿百花脆皮酥

黑松露炖花胶

家宴澄海酒家

家宴澄海酒家位于泰国曼谷新三聘2郑王像同边门牌55/122号。

泰国澄海酒家（林大川供图）

家宴酒楼名菜代表有鱼露炸鲈鱼、咖喱海蟹、红烧鱼翅、烤乳猪等。

薄壳炒金不换，是一道具有独特风味的潮汕名菜。其特别之处在于使用新鲜的薄壳和金不换两种主要食材。薄壳是一种海贝，具有鲜美的肉质和独特的口感，而金不换则是香草的一种，具有浓郁的香味和独特的味道。这两种食材的结合，使得这道菜具有极其丰富的口感和香气。

家宴酒楼的厨师团队非常出色，他们以精湛的烹饪技艺和独特的调味手法，将这道菜的味道发挥到了极致。新鲜的薄壳和金不换，经过精心烹制，使得这道菜的口感更加丰富，香气更加浓郁。

除了薄壳炒金不换，家宴酒楼还提供了其他各种潮汕特色菜品。这些

家宴老板（左）和董事长（林大川供图）

菜品同样注重食材的新鲜和质量，以及烹饪手法的独特和创新。

酒楼的环境也非常舒适，装修风格以简约为主，同时也不失潮汕文化的特色元素。在这里用餐，不仅能品尝到地道的潮汕美食，还能感受到浓郁的潮汕文化氛围。

鱼露炸鲈鱼

咖喱海蟹

祥记潮汕鱼粥

祥记潮汕鱼粥是位于大华酒店后面的一家百年潮汕美食老店。无论是本地人还是来自其他地方的食客，经过店门口时闻及香味，都无不驻足观望，甚至进内品尝一番。

品尝一口祥记潮汕鱼粥，汤汁醇厚，米饭软糯，鱼肉丝鲜嫩，口感丰富多样。将煮好的米饭和鱼肉丝装入碗中，淋上浓郁的鱼汤，还可以再撒上一些葱，增添色香味俱全的观感。将这碗热腾腾的鱼粥送到食客面前，不仅令人垂涎欲滴，更能让人感受到浓浓的家乡味道。沁人心脾的香气，让人仿佛身临其境地感受到了潮汕的海风。这一道美食不仅满足了人们对美味的追求，更传承了潮汕饮食文化的独特魅力。

祥记鱼粥老板（林大川供图）

鲳鱼粥制作过程（林大川供图）

祥记潮汕鱼粥以其独特的制作工艺和口感，成为泰国一家有口皆碑的美食老店。它不仅是潮汕饮食文化的瑰宝，也是人们享受美味的极佳选择。

马来西亚名店

潮汕人“过番”到马来西亚已有300多年，其中较为集中的是槟城。潮汕人很早以前就来到槟城，比1786年英国殖民者开辟槟岛还要早。1860年，汕头被开辟为通商口岸，海上贸易十分频繁。槟城得天独厚的地理位置和有利的移民政策，吸引了大批的潮汕移民。这些潮汕移民也把潮汕饮食带到马来，传入槟城。

踏进槟城，很多人会以为自己置身于潮汕：以“汕头”命名的街，扑面而来的骑楼建筑，满眼的潮汕美食，甚至有些小吃摊档老板还能操着一口流利的潮汕话……有人曾经说过：“当你走进槟城，离不开两样东西，一是懒散的心，二是坚强的胃。”

穿街过巷，街头吆喝的三轮车夫，斑驳老旧的2层独栋小洋房，还有同款贴满老照片奖牌的传统小吃店，走进去全是潮汕味蕾：炒粿条、蚝煎、潮州煎蕊、汕头四果汤……就连马来人，有时也会来这种老旧茶室，吃上一碗潮州糜。

走进槟城的汕头街，这种感觉更为强烈了。虽然槟城的美食有来自闽南的福建面、虾线，源自娘惹的叻沙、椰浆饭，还有各式酸辣的印度美食，但一到了晚上，这里便化身十足的“汕头”夜市：人声鼎沸的推车摊档，集聚着同为觅食而来的世界各地深夜食客，不惜拉出十几米的队伍，只为叫上一份著名的“四大天王”——鸭粥粿汁、卤味粿条汤、炒粿条、四果汤。

潮汕华侨在马来西亚开办的知名酒店酒楼主要有：刘南辉（祖籍揭西）的统一大酒店、张汉三（祖籍潮阳）的吉隆坡马来西亚大酒店、陈国平（祖籍澄海）的槟城成功大酒店、黄纪达（祖籍揭西）的吉隆坡总统酒店及柔佛新山统一大酒店等。

此外，还有马六甲的林隆发菜馆、坤发菜馆、美珍菜馆、潮盛菜馆，吉隆坡的志合酒店、良合酒店、郭信记酒店、广兴祥酒店，吉洞的经成发菜馆、应成菜馆，槟榔屿的大发兴饭店、合发菜馆、吴其合菜馆、和珍菜馆、益丰菜馆、旺源菜馆、新发兴菜馆、潮有利菜馆，高渊的老顺利菜馆。海滨楼、新湖滨（斯里亚南）也是马来西亚潮汕华侨创立的潮菜酒店。祖籍潮安的陈宏升则回家乡创办了庵埠宏图大厦。

越南名店

越南也是潮汕人移民的主要国家之一。到1973年，估计越南西贡和堤岸的华侨约有120万人，当中潮汕华侨占30%。早期移居越南的潮汕华侨从事各行各业。1975年，华侨陈诚在越南西贡、堤岸开设大罗天、潮一、洪泉珍等潮菜酒家。

其中，由祖籍潮阳的张美兰在胡志明市创立的银亭海景海鲜酒店、祖籍普宁的张启灵在胡志明市创立的潮安大酒楼较为知名。

柬埔寨名店

2000年，柬埔寨潮汕华侨大约有40万人，占柬埔寨华侨华人总人口的80%，大部分集中在大城市，分别在工商各界，于柬埔寨经济领域里扮演重要角色。其中包括出入口、银行、酒楼、大米贸易与成衣等。旅游业是柬埔寨政府的重要收入来源之一，柬埔寨是一个国际性的旅游胜地，第三产业发展迅速，不少潮籍华侨投资经营旅店酒店酒楼，获得很大的经济收益。

潮籍华侨在柬埔寨开办的酒店主要有位于金边闹市中心的百乐大酒店

与皇朝大酒店、位于西哈努克市的山顶大酒店，以及总统大酒店等。

印度尼西亚名店

由祖籍广东潮安的曾国奎创办的穆丽雅集团，经过40多年的奋斗，不断壮大，发展成为印度尼西亚实力最大的综合性集团，商业版图涉及餐饮业、酒店业。

印尼的潮菜，琳琅满目，美不胜收。来自潮汕的家乡菜配合本地食材，延伸出独具印尼特色的潮菜，可以说是八大菜系之外又一菜系。

日本名店

日本是人口密度最大的国家之一，也是经济发达的国家。日本潮汕华侨华人约3000人，主要任职商业贸易行业、科研机构、学校雇员等。当中也有小部分人从事餐馆酒店行业。

1978年，金岛燕窝潮州酒楼在九龙加拿芬道开幕，极一时之盛，成为潮菜走向高级化的里程碑。自此，潮菜深受中外人士钟爱，不少外地食客、日本游客慕名而来，潮菜有效地走向日本。

1987年，时任广州华侨宾馆（今为华夏大酒店）厨师长和潮菜料理部调理长的许秋镇师傅，代表潮菜出国去日本表演。华侨宾馆是当时广州比较上档次的酒店，外国友人以及国家领导人都曾经在此下榻。在国内，只要是上档次的酒楼都必定会有潮菜，只不过有些不正宗，因为执厨的不是潮汕人。

许秋镇来自潮州，按照传统烹调方法制作的潮菜，历来深受欢迎，当时有一些日本客人就专点许师傅的菜式。后来，由日本方面出面，专门邀请许师傅到日本表演。

当时日本人吃潮菜，感觉潮菜中有一种配料特别能调动味蕾，但是他们一直不清楚是什么佐料。事实上，这种佐料就是“葱椒酱”。“葱椒酱”的葱是用葱白切碎，椒是川椒。川椒香而麻，原产地是云南，但是因为川菜经常使用而得名。川椒炒干碾碎，然后油炸，再与葱白搅拌在一起，就成了潮菜著名的佐料——“葱椒酱”。

许秋镇师傅在日本共表演了5个菜，这5个菜式都是日方亲点：云腿护国菜、潮州烧雁鹅、炊水晶鸡、潮州伊府面、金瓜芋泥。许秋镇师傅用最传统的烹制手法来做这几个菜，得到日本饮食界的一致好评。有关媒体纷纷报道，其中日本的《专门料理》杂志社还专门将这几个菜的制作过程进行了详细的报道。

许秋镇师傅表演的时候，日本饮食业的诸多专家也在场。后来虽然依样画葫芦制作了潮菜，但终究做不出潮菜的味道。于是，他们对许秋镇师傅更是心服口服。许秋镇师傅当年到日本表演潮菜，使得潮菜飘香日本，积极促进了中日饮食文化的交流。

欧美与大洋洲潮菜名店

欧洲潮菜名店

潮汕与欧洲国家往来历史悠久，饮食文化交流一直不断。潮汕人俗称的荷兰豆、荷兰薯、荷兰汽水等，无不说明潮欧饮食文化交往的长期性。改革开放后，随着香港人及潮汕商人走向世界，潮菜也闲庭信步地登陆欧洲。

在欧洲，几乎每一国家都有潮菜馆，诸如法国、英国、意大利、西班牙、瑞典，甚至连比较小的国家如摩纳哥，也有潮菜馆。虽然这些潮菜馆经营潮菜的方式、规模不尽相同，但都为宣扬优秀中国饮食文化，为促进中国人民与各国人民之间的友好往来作出了贡献。

1975年以前，在法国的潮汕人仅限于少数留学生与个别商人。1975—1985年，这10年间法国接纳了15万名来自柬埔寨和越南的难民，他们中很多是祖籍潮州的华裔。1986年前后，法国潮汕华侨华人约8万人，到1993年已达到10万人。他们主要居住在巴黎，其次在里昂、马赛和靠近德国的一个边境城市斯特拉斯堡等地。法国的潮汕人以经营餐馆饮食店、裁缝制衣店与销售食品、百货、电器为主。

20世纪70年代，在中南半岛大动荡中颠沛流离的潮籍难民，初到巴黎别无谋生门路，大部分人只好从一锅一炉开始，摆食摊，卖小吃。从东南亚带来的潮食风味，如面薄、水饺、无米粿、粽球……林林总总，溢香街头，色味俱佳，因而受到华人、法国人的欢迎，生意兴隆。这种潮食文化品味的优势，使得潮人能够逐步办起食店，开设酒家，覆盖面更广，食店、酒家大小结合，丰富多彩，让潮食满市飘香。

有的食店卖潮州菜，供应潮州菜肴，引人注目。名菜如潮州一品翅、潮州芥菜鸡、潮州虾枣、潮州鱼头芋、潮州蚝烙、扣肉、沙茶鲜鱿、潮州芡粉粿、蒜花蒸排骨、潮州韭菜饺、潮州柠檬鸡、姜葱虾蟹等近数十种，真是色味俱佳。中国城的东家黄明山满意地说：“正因为我们多办潮菜，清淡可口，自成一格，受多方人士喜爱，顾客众多。我这里几百平方米的餐厅，容纳500个座位还不够使用，所以我又办一个明园酒家，扩大潮菜影响。”难怪豪客川流不息，菜色增辉。

白天鹅大酒楼

白天鹅大酒楼由祖籍普宁、生于柬埔寨的陈顺源创办。1975年后，陈顺源在法国巴黎办起夜来香、日来香、嘉华餐馆，1990年，创立白天鹅大酒楼。

白天鹅大酒楼彰显时代特色。陈顺源坚持办店宗旨：“做潮菜立足于潮，也要适应顾客的口味。西方人或潮州人，青年多用西餐，潮菜也可以与西食调和，生炊龙虾加沙律，就是以点滴的变化去脍炙人口。西方人喜吃素淡菜羹，我们连螺类、鳗鱼等也做得清甜润喉。”这一宗旨既符合营养学，也涉及潮菜的更新。他以普宁豆酱鸡为话题，抒发己见：“过去人们喜油腻，现在不喜油腻，现在做豆酱鸡时要用姜葱垫底，上盘时才加酱汁，素香宜人。就是甜食如芋泥南瓜，也是用糖较少，不加猪油

巴黎白天鹅大酒楼（陈友义供图）

网膜。西人还喜欢‘太极素菜’，取其有中国哲学的太极图案，味道清淡而不腻。适应西方的保健观念。”这一席话，反映了食文化的时代新观。这种观点的实践，使白天鹅大酒楼潮菜独领风骚，8个餐厅800个座位，周末常常客满，国内贵宾也常常来这里就餐，成为弘扬潮食文化的前导。

中国城大酒家

祖籍揭阳的黄明山，于1978年创办明园酒家，两年后再为子女开办3家酒店，成为巴黎华人饮食业的新闻人物。又与友人合资开办由自己担任董事长的中国城大酒家，楼高5层，面积5000多平方米，可容纳400至500人就餐，成为当时巴黎餐馆业的佼佼者，1985年被法国饮食与旅游协会授予“金筷子”特别荣誉奖。

中国城大酒家（陈友义供图）

中国东方大楼

祖籍揭阳的潘洪江，生于柬埔寨。20世纪80年代初，他在巴黎枫丹白露大街上创立具有东方特色的中国东方大楼，内有中国饭店。

1985年，华侨陈锡南在巴黎南郊兴建中国城，其中有三家餐馆。

英国、德国、荷兰、比利时、瑞士和丹麦等国家经济较为发达。历史上潮汕人较少到这些地方，自20世纪70年代后，原本居住在中南半岛的潮汕华侨华人就有一部分被迫移居这些国家；东南亚国家与中国香港、澳门、台湾地区的潮汕人，也有因经商或留学而到这些国家定居的。英国伦敦就有潮汕人约5000人。他们从事各行各业包括律师、教师以及开设餐馆、酒店。

潮汕人林远景2023年1月15日在位于英国南安普敦酒吧街109号（109 Above Bar Street Southampton SO14 7FH U）办了甜森 M’Dimsum，这是一家潮州菜馆，经营的潮菜有潮汕卤水等。

甜森食厅（林大川供图）

2021年6月21日，一则30秒的潮州美食宣传片《美食如潮，四海共享》亮相法国巴黎，潮州美食宣传片采用连续滚动播出形式，从早上8点一直到晚上8点，连续12小时不间断，持续播放一周。这是潮州美食宣传片第一次在海外利用商业大屏幕播出，更是潮州方面向联合国教科文组织申请列入“联合国教科文组织创意城市网络美食之都”名录的一个重要举措。

随着潮菜的发展，欧洲各国也创立了不少潮菜馆、潮菜酒楼，诞生了一批批潮菜名店。

甜森前厅与餐厅

北美地区潮菜名店

美国潮菜馆

美国位于北美地区，幅员辽阔，物产丰富，经济发达。近几十年来，移居美国的潮汕人日益增多。特别是20世纪70年代，很多祖籍潮汕地区的中南半岛华侨华人，不堪忍受所在国当局的歧视迫害，冒险辗转来到美国。同时，有相当一部分潮汕人因经商、求学、家庭团聚等原因，从东南亚国家以及中国香港与澳门地区，以至潮汕故乡移居美国。据估计，在美国约有20万潮汕籍华侨华人。

在美国，最早经营潮菜的地方是纽约、加州和波士顿，开始是经营一些中低档的潮汕饭菜、小吃之类。由于富有特色，生意红火，很快就出现经营正宗潮菜的中高档酒楼菜馆。

潮汕人在60多年前就移居纽约，纽约的潮汕人大多经营商业，尤其是餐馆业。纽约最大的酒店之一，就是潮汕人刘初汉、赵资华等经营的大汉楼酒店。较有规模的餐馆、酒店还有新世界、潮州餐馆、福满楼、波记、金塔。据不完全统计，单是在纽约，便有福满楼、潮江春、帝豪潮州酒家、明珠大酒店等十多家高档豪华的潮菜酒楼。

20世纪70年代，潮汕华侨在北加州的旧金山开设的饭店、酒店有佳兴饭店、兴南海鲜烧腊大饭店、大罗天海鲜酒家、潮州中记面家、潮州兴记面家等。

到20世纪90年代，潮汕人在美国南加州开设的一些餐馆酒店，比较有名的有陈卓利的潮州洪泉珍海鲜酒家、张国安的海鲜阁（橙县）、张作波的金塔粿条饮食店、陈金水的潮州粿条饮食店等。

潮菜酒店经营的菜式十分丰富，既有菜头粿、笋粿、水晶球之类富有潮汕特色的小吃，也有潮菜中的高档菜肴，如红炖鱼翅、生炊龙虾、明炉烧腊之类的菜肴。现在潮菜已经在美国大部分城市全面开花。

潮州粿条餐室（陈友义供图）

杨启生，潮安庵埠外文里人，1979年在美国洛杉矶开设泉珍潮州酒楼，生意兴隆。1984年，杨启生与詹实等友人合作，在旧金山开设潮州大酒楼。

休斯敦是美国南部一个城市，这里的潮籍华侨有1万多人。1997年，休斯敦开设了滋味馆，这是美国南部唯一的潮菜馆，兼营粤菜。

菜馆位于休斯敦中国城附近的格斯纳（Gessner）路上。经营菜式主要有潮州炸豆腐、潮式卤水鸭、潮式蒸鱼、猪肠胀糯米、蚝烙、虾枣、菜脯蛋等，此外还有橄榄菜、沙茶酱、酸菜等。

加拿大潮菜馆

20世纪70年代以来，逐渐有潮汕人移居加拿大，尤其是中国香港、台湾地区与越南、老挝、柬埔寨的潮汕人。到1994年前后，居住在加拿大的潮汕华侨华人估计在10万人以上。

加拿大的潮汕华侨华人经营着为数众多的各种实业和服务业，如地产实业公司、农场、中西式饮食店、制衣厂、化妆品厂、旅行社、旅馆业等。餐饮业是潮人在加拿大精心经营的重要行业，经营大小餐馆、酒店和大小型快餐店的人为数不少。

祖籍揭阳的谢钟潮，出生于柬埔寨金边。1987年移居加拿大渥太华，开设渥太华滕王阁大酒楼，1989年业务倾向多元化，增设潮永丰超级市场，1998年又在渥太华市中心开设太上皇大酒家，事业上不断推进发展，使其成为当地华人中一位在餐饮业界作出开拓性贡献、在经济上拥有较大实力的成功人士。

另有潮州海鲜酒家（Chiu Chow Seafood Restaurant）为大家提供最正宗的潮州菜，传承潮菜文化，主理人江丰羽（Louis Kong）。招牌菜有潮州鱼翅、炸虾枣、蟹枣、香煎蚝烙、春菜萝卜煮手打墨鱼丸煲、潮州卤水等。

潮菜海鲜酒家的LOGO（酒店供图）

潮州鱼翅

炸虾枣

大洋洲潮菜名店

澳大利亚位于南半球，是一个地广人稀、资源丰富的国家，原是英国殖民地。

清末至民国时期，就有潮汕人因家贫而到澳大利亚当苦力打工谋生。近几十年来到澳大利亚定居的潮汕乡亲，一部分是从新加坡、马来西亚、泰国等东南亚国家移民而来，一部分是因经商、留学、投资等原因从中国香港和内地尤其潮汕移居澳大利亚，大部分则是20世纪70年代末期自越南、老挝、柬埔寨3个战乱频仍的国家移居的潮汕籍华侨华人。

刚抵澳境，潮汕乡亲凭着中华民族的坚毅豁达、勤俭耐劳、勇于开拓、不屈不挠的传统美德，白手兴业，创建家园。他们大多数人从事商、工、农等行业，在很短时间里就扎根澳大利亚社会，并崭露头角，对繁荣澳大利亚经济有所贡献，受到澳大利亚政府及各民族社区的赞赏。

至今定居澳大利亚的潮汕乡亲，占旅澳华人的比率不在少数，仅维多利亚省就约有2万人定居。在悉尼，潮人有2万至3万人，占当地华人总数约1/4。他们大多数从事食品、餐馆、日用品、布料、服装等行业的经营。在各行各业中，先后出现一批成功的潮汕人士。

1933年出生、祖籍饶平饶洋大埔的詹实，从越南移居澳大利亚之后，开设了辉煌酒家、百喜餐厅，20世纪80年代，与友人合作开设了潮澳大酒楼。

潮汕人在新西兰开办的潮菜馆较为知名的是潮福楼海鲜酒店。2018年，潮属总会在该酒店设欢迎招待宴会，招待出席参加20届国际潮团联谊年会的各位嘉宾。

后记

潮菜有着悠久的历史和丰富的内涵，潮菜的发展离不开潮人的传承和传播，潮菜离不开一代代潮菜师傅的创新与融合，离不开一批批潮菜经营实体的呈现。将这些想法告诉更多的人，是我们编写《中华料理·潮菜丛书》的初衷，其中《潮菜名店》集中呈现潮菜经营实体，不管是在历史进程中留下的，还是在全世界范围内分布的，但是仍不够全面，这也是我们的遗憾，我们到现阶段为止奉献给读者的只能是这些了。

本书是由汕头市岭东潮菜文化研究院、汕头市传统潮菜研究院组稿并得到汕头潮汕历史文化研究会、汕头潮汕历史文化研究中心等单位的支持而完成的。同时还得到潮汕文化学者林伦伦、李坚诚、陈友义等的指导与帮助。杜更生先生在整个编书过程中不懈地协调各方面的工作，使本书得以按时顺利完成。

本书丰富而翔实的文字和图片资料来自书中所写到的众多海内外潮菜名店，感谢这些名店的鼎力支持。同时，我们也参考了钟成泉的《饮和食德——老店老铺》和陈汉初、陈杨平的《汕头埠图说》等书籍。还有海内外一批热心人士热情接待、提供宝贵资料和中肯的建议，使这本书不局限于我们个人的眼界和能力。书中很多照片是韩荣华摄影家珍藏和拍摄的，纪实的图片保障了本书的历史价值，更使本书具有图文并茂的效果。

借此对为这本书献出力量的人致以衷心的感谢！

本书的编写，志在抛砖引玉，我们诚挚地期望大家批评指正，使“潮菜——最好的中华料理”发扬光大。敬请大家不吝赐教。

林大川、周克胜